bi **de Lüt**

Landfrauenküche

Alle Rezepte aus der beliebten Fernsehserie

Redaktion**Landfrauen**kochen

Ein herzlichen Dankeschön den Redaktionsteams des Schweizer Fernsehens, die uns in jeder Hinsicht bei der Beschaffung von Text und Bild unterstützt haben. Speziell auch den beiden verantwortlichen Produzenten der Sendestaffeln Christian Breitschmid und Rolf Wyss. Danken möchten wir auch Agnes Schneider und Myriam Zumbühl, die mit ihren Fotos die Gerichte in wundervoller Weise zum Leben erweckt haben.

RedaktionLandfrauenkochen

Abkürzungen

El	Esslöffel
Kl	Kaffeelöffel
Msp	Messerspitze
Pr	Prise
kg	Kilogramm
g	Gramm
l	Liter
dl	Deziliter

ISBN 978-3-905694-31-4

2. Auflage 2009
Copyright © 2009 by editionVorsatz, Hünibach
Alle Rechte vorbehalten
Nachdruck von Text, Bild und Rezepten, auch auszugsweise, nur mit ausdrücklicher Genehmigung des Verlages
Textbearbeitung: Kerstin Boll und Christa Schaffner
Bilder: Agnes Schneider, Myriam Zumbühl, Christian Breitschmid und Redaktion Landfrauen kochen

Markenlizenz durch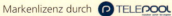

SF – ein Unternehmen der SRG SSR idée suisse

www.landfrauenkochen.ch
www.editionvorsatz.ch

Vorwort

«Landfrauen kochen». Eigentlich ist das nichts Neues. Schon mindestens seit Gotthelfs Büchern ist bekannt, dass es unter den Landfrauen und Bäuerinnen gute, ja sehr gute Köchinnen gab und gibt. Für sie war es immer selbstverständlich, mit saisonalen, frischen und regionalen Produkten einfache Alltagsmenus oder aber auch schön zubereitete Sonntags- und Festmenus zuzubereiten. Sie wussten, bevor dies in den bäuerlichen Haushaltungsschulen unterrichtet wurde, nichts von Ernährungslehre. Wenn auch ihre Menus meistens nicht gerade kalorienarm waren – alle mussten harte körperliche Arbeit leisten –, wussten sie doch aus Erfahrung und wahrscheinlich auch einem gewissen angeborenen Instinkt für ihre Familien ausgewogene Menus zuzubereiten. Ihre Gärten lieferten Gemüse und Beeren für die vier Jahreszeiten, während tierische Produkte und Früchte vom Betrieb zur Verfügung standen.

Seit die Sendung des Schweizer Fernsehens im Herbst 2007 startete, hat aber das «Landfrauen kochen» noch eine andere Bedeutung. Seither sind jedes Jahr Landfrauen aus sieben Kantonen zu Leinwandstars geworden. Als Präsidentin des Schweizerischen Bäuerinnen- und Landfrauenverbandes war ihre Darbietung für mich eine wirklich erfreuliche Überraschung. Auch wenn ich weiss, dass wir bei unseren Mitgliedern viele Multitalente haben, hat mich die Selbstverständlichkeit und Natürlichkeit überrascht, mit der sie vor den Filmkameras standen, sprachen und arbeiteten. Ich habe es geschätzt, dass das Fernsehen keine Ballenberg-Imitation daraus gemacht hat. Dank aufmerksamen Kameraleuten und diskreten und doch präsenten Journalisten haben die städtischen Zuschauer einen ziemlich realitätsnahen Augenschein nehmen können von der vielfältigen und wichtigen Arbeit der Bauernfamilien. Auch wenn die städtischen Zuschauer aus ihrem Blickwinkel wahrscheinlich nicht ganz verstehen können, was diese Frauen und ihre Familien vom Morgen früh bis am Abend spät durchs ganze Jahr leisten. Für mich bedeutet die hohe Einschaltquote während der Sendungen auch, dass für die Schweizerische Bevölkerung nicht nur die Kompetenzen der Bäuerinnen in der Küche zählen und wichtig sind, sondern auch die ganzen multifunktionalen Tätigkeiten und Aufgaben der einheimischen Landwirtschaft.

In diesem Buch können Sie Rezepte aus den verschiedenen Deutschschweizer Regionen und dem Jura entdecken. Trotz den unzählbaren Kochbüchern, welche auf dem Markt schon zu finden sind, bin ich überzeugt, dass dieses spezielle «Landfrauen-Kochbuch» Erfolg haben wird. Für uns Bäuerinnen und Landfrauen heisst Erfolg haben in diesem Zusammenhang aber nicht nur, gekauft werden, sondern auch gebraucht werden. Gebraucht werden, um mit einheimischen, saisonalen und frischen Produkten ausgeglichene und «gluschtigi» Familienmenus zuzubereiten. Damit könnte das Buch dazu beitragen, dass das Wort Ernährungssouveränität nicht ein theoretischer Ausdruck bleibt, sondern in der Schweizerischen Bevölkerung mit Überzeugung gelebt wird.

Ruth Streit
Präsidentin des Schweizerischen Bäuerinnen- und Landfrauenverbandes

Inhaltsverzeichnis

Migga Falett aus Bergün GR 6
Bündnerfleisch-Carpaccio 8 · Birabrot 8 · Sauerbraten 11 · Zitronenglace mit Grassins 12

Margrit Odermatt aus Stans NW 14
Geräucherter Fisch auf Gemüse-Carpaccio 17 · Spinatknöpfli 17 · Milchbraten vom Kalb 18 · Kürbisblume mit Lupipilz 18 · Birnelparfait mit Rotweinbirne 20 · Nidwalder Nussheckli 20

Lina Bernhardsgrütter aus Gossau SG 22
Salate 25 · Kürbiscrèmesuppe 25 · Pouletschenkel 26 · Saisongemüsevielfalt 26 · Himbeer-Mascarponecrème 28 · Erdbeerpüree 28 · St. Galler Klostertorte 28 · Heidelbeer-Roulade 31

Käthy Hürzeler aus Grod SO 32
Solothurner Weinsuppe 34 · Knackiger Apfel-Gemüsesalat 34 · Kanincheneintopf 37 · Kartoffelstock 37 · Süssmostsorbet mit karamellisierten Apfelpilzli 38 · Knusprige Waffeln 38

Silvia Limacher aus Flühli LU 40
Kürbissuppe mit Alpkäse und Alpkräutern 42 · Kräuterknöpfli 42 · Lammpfeffer mit Pilzen 45 · Rotkabis mit Zimt 45 · Silvia's Chilbicrème mit Nidle 46 · Chräpfli 46

Antonia Rudin aus Ziefen BL 48
Kürbiscrèmesuppe mit Kastanien 51 · Nussbrot 51 · Baselbieter Cordon bleu 52 · Kartoffel-Lauchgratin 52 · Chirsi Schlemmerbecher 55 · Anisbrötli 55

Annelies Graf aus Walkringen BE 56
Fleischsuppe 58 · Bernerplatte 61 · Gebrannte Crème 62 · Fruchtsalat 62 · Schlüferli 62

Brigitte Enderlin aus Maienfeld GR 64
Maienfelder Rieslingsschaumsuppe 67 · Pizokel 67 · Entrecôte mit Kräuterrahmsauce 68 · Rotweinzwetschgen 70 · Zimtglace 70

Pia Jungo aus Schmitten FR 72
Kabissuppe 75 · Cuchaule 75 · Lammgigot 76 · Rahmkartoffeln 76 · Büschelibirnen 79 · Sommerfruchtsalat 79 · 44er Likör 79 · Sensler Chüubi Bräzzeli 80 · Süsse gerollte Bräzzeli 80

Agnes Koch aus Gonten AI 82
Appezöller Chäsmagerone 84 · Appezöller Filet 86 · Appezöller Tiramisu 89 · Appenzeller Zimtfladen 89

Therese Bähler aus St-Ursanne JU 90
Toétché (Sauerrahmkuchen) 93 · Kalbsröllchen mit Peperoni 94 · Panierte Zucchetti 94 · Kartoffelgratin 96 · Honigglace mit marinierten Brombeeren 96

SF bi de Lüt – Landfrauenküche | 5

Erika Hubeli aus Habsburg AG 98
Spinatpizza 100 · Aargauer Zwetschgenbraten 103 · Kartoffelsoufflee 103 ·
Ofenchüechli 104 · Sorbet 104

Annemarie Eberle aus Altnau TG 106
Speckpotizen 109 · Kartoffel-Quark-Suppe mit Streusel 109 · Landfrauen Poulet-
Gourmeträllchen an Salbeisauce 110 · Krautstielgratin 113 · Frauenfelder Süssmostcrème 113

Maja Schenkel aus Fehraltorf ZH 114
Tomaten- und Olivenweggen 116 · Lammgigot 119 · Karamellisierte Cherrytomaten 119 ·
Schokoladencrème mit Birnenfächer 120

Heidi Ineichen aus Wolfhalden AR 122
Appezeller Chäsflade (Appenzeller Käsekuchen) 125 · Appezellerschnitzel 126 ·
Gefüllte Kartoffeln 126 · Quarkmousse mit Erdbeersauce 129 · Früchtebrot 129

Elisabeth Raaflaub aus Gstaad BE 130
Bratkäse mit Spinat 132 · Suure Mocke mit Rotweinbirnen 135 · Rotweinbirnen 136 ·
Walderdbeerenglace 136

Heidi Schmid aus Menzingen ZG 138
Gartensalat mit Ziegenfrischkäse 140 · Gubelheubrötli 140 · Kalbsragout mit Zucchini 143 ·
Kartoffelknöpfli mit Oreganobutter 143 · Rüebli Potpourri 143 · Zuger Kirschtorte 144

Veronika Oswald aus Näfels GL 146
Vroni's Salat im Chörbli 149 · Gefülltes Kalbsfilet 150 · Kartoffelgratin 150 · Glarner
Hexendessert im Tulipane 153 · Glarner Glace 153 · Hexenglace 153 · Beerenglace 153

Priska Abegg aus Steinerberg SZ 154
Bunter Blattsalat im Chäschörbli 157 · Schweinsfilet im Teig auf Rotweinjus 158 ·
Chriesiträumli 161 · Chriesiwürfel 161

Christine Alder aus Hallau SH 162
Schaffhuuser Bölledünne 165 · Hallauer Cordon bleu 166 · Kartoffeln vom Spiess 166 ·
Berghof-Träumli 169

Diana Tscherry aus Agarn VS 170
Tomatencrèmesuppe 172 · Eringer Kalbsfilet im Teig 175 · Champignonsauce 175 ·
Frittierte Kartoffeltaler 176 · Walliser Aprikosenglace 176

Und er isst es doch …! 178
Christian Breitschmids Nachbetrachtungen zur Fernsehproduktion

Rezeptregister 180

Migga Falett aus Bergün GR

Migga Falett und ihr Mann Fredo leben in der 300 bis 400 Jahre alten Chesa Falett in Bergün. Ihre drei Söhne Jann, Nino und Flurin studieren und arbeiten auswärts, kommen aber immer gerne nach Hause und helfen auf dem Betrieb mit.

Der Bergbauernbetrieb der Faletts umfasst 37 Hektaren landwirtschaftliche Nutzfläche, mehr als die Hälfte davon liegt in steilen Lagen. Da im Dorf selbst kein Platz für den Stall war, musste er etwas ausserhalb von Bergün gebaut werden.

Der Hof ist ein reiner Aufzuchtbetrieb. In der Regel befinden sich etwa 70 Stück Vieh im Stall oder auf der Alp. Und den Winter über helfen die beiden Faletts am Skilift aus.

Migga kocht gerne für die Familie, oft nach überlieferten Familienrezepten, aber ebenso gerne probiert sie Neues aus. Wichtig ist für sie, vornehmlich regionale und saisongerechte Produkte in den Gerichten zu verwenden.

Das Gemeindegebiet von Bergün – zu ihm gehören auch die Weiler Latsch, Stuls und Preda – ist fast 146 Quadratkilometer gross und liegt auf einer Höhe zwischen 1000 und 3400 Metern. Das Dorfbild ist geprägt vom Engadiner Baustil. Heute leben etwas mehr als 500 Personen in Bergün, vorwiegend vom Tourismus, sowohl im Sommer als auch im Winter. Im Sommer sind es die fast 200 Kilometer gut ausgebauten und markierten Wanderwege oder Berg- und Hochtouren auf einen der 23 Dreitausender in der Region, die die Touristen anlocken. Im Winter ist es der Schnee, der zum Skifahren und Langlauf auf 23 Kilometern markierten Pisten einlädt und natürlich die bekannte Schlittelbahn von Preda nach Bergün. Im Juli 2008 hat die Unesco das Gebiet zwischen Thusis und Tirano mit den Pässen Albula und Bernina zum Weltkulturerbe erklärt. So ist Bergün Mittelpunkt dieser einzigartigen Landschaft geworden.

Und dann ist da noch die Rhätische Bahn, deren Herzstück die Strecke von Bergün nach Filisur ist, mit den unzähligen Brücken- und Kunstbauten. Sie wurden vor über einhundert Jahren geschaffen. Eine einzigartige Meisterleistung der Bau- und Ingenieurskunst. Als «jäher und zäher Aufstieg, der nicht enden zu wollen scheint», beschrieb Thomas Mann solch eine Fahrt in die «heilig-phantasmagorisch sich türmende Gipfelwelt». Die Bahn löste damals die Pferdekutschen und den Posttransport über den Albulapass ab. Nicht nur für viele Bahnfans aus der ganzen Welt sind heute die Bahn und ihre Anlagen ein besonderer Anziehungspunkt.

Bündnerfleisch-Carpaccio

Das brauche ich für 4 Personen

100 g Bündnerfleisch,
in feine Scheiben geschnitten
Pfeffer aus der Mühle

Sauce
1 El Balsamicoessig
1 El Wasser
1–2 El Olivenöl
10 Scheiben Alpkäse,
in feine Scheiben geschnitten
etwas Petersilie, grob gehackt

1 Das fein geschnittene Bündnerfleisch auf einer grossen Platte anrichten. Mit Pfeffer würzen.

2 Für die Sauce den Balsamicoessig, Wasser und Olivenöl vermischen und über das Bündnerfleisch träufeln.

3 Den fein geschnittenen Käse darüber verteilen und mit etwas Petersilie garnieren.

Birabrot

Das brauche ich für 2 Brote

Füllung
600 g Dörrbirnen,
in Streifen geschnitten
150 g Feigen,
in Streifen geschnitten
150 g Nüsse (z.B. Baumnüsse,
Haselnüsse, Mandeln), gehackt
2 El Sultaninen
½ dl Schnaps
2 El Birnbrotgewürz
5 El Zucker
1 dl Rotwein

Teig
3 dl Milch
20 g Hefe
500 g Halbweissmehl
½ El Salz
50 g Butter
1 Eigelb

1 Für die Füllung alle Zutaten gut vermischen und über Nacht ruhen lassen.

2 Für den Teig die Milch aufwärmen, die Hefe darin auflösen. Mehl und Salz in einer Schüssel vermischen und eine Mulde bilden. Die Flüssigkeit in die Mulde geben, die Butter beifügen, alles zu einem Teig verarbeiten, gut durchkneten und aufgehen lassen.

3 Zwei Drittel des Teigs mit der Füllung vermischen und zwei Brote daraus formen. Den restlichen Teig halbieren, auswallen und je ein Brot darin einpacken.

4 Die Brote auf der Oberseite mit einer Gabel mehrfach einstechen und mit dem verklopften Eigelb bepinseln.

5 Birabrote mit der Naht nach unten auf ein mit Backtrennpapier belegtes Blech legen und auf der zweituntersten Rille des auf 220 Grad vorgeheizten Backofens etwa 1 Stunde backen.

Sauerbraten

Das brauche ich für 4 Personen

1 kg Rindsbraten
Butter

Marinade
2 Rüebli, in Scheiben geschnitten
½ Sellerieknolle,
in grobe Stücke geschnitten
¼ Stangensellerie,
in Würfel geschnitten
1 Zwiebel, halbiert
1 Knoblauchzehe
Rosmarin, Thymian und
Petersilie, gehackt
etwa 4 dl Rotwein

Sauce
1 Bratensaucenwürfel
1 El Tomatenpüree
1 Lorbeerblatt
1 Nelke
4 schwarze Pfefferkörner,
zerdrückt

1 Das Fleisch mit den Zutaten für die Marinade in eine hohe Form oder Schüssel geben und mit dem Rotwein übergiessen. Das Fleisch soll vollständig von der Flüssigkeit bedeckt sein. Über Nacht marinieren lassen.

2 Das Fleisch aus der Marinade nehmen, etwas trocken tupfen, in Butter rundum anbraten und salzen. Die Marinade absieben und beiseite stellen. Das Gemüse andämpfen.

3 Den Ofen auf 100 Grad vorheizen. Den Braten und das Gemüse in einen Schmortopf geben, den Bratensaucenwürfel, das Tomatenpüree, Lorbeerblatt, Nelke und Pfefferkörner dazugeben. Die Marinade und 1 bis 2 dl Wasser zufügen, wobei das Fleisch bis zur Hälfte in der Flüssigkeit liegen sollte. Auf der untersten Rille des Backofens für etwa 3 Stunden schmoren, dabei den Braten einmal wenden.

4 Vor dem Aufschneiden den Braten 10 bis 15 Minuten ruhen lassen, damit er schön saftig bleibt.

5 In der Zwischenzeit Lorbeerblatt und Nelke entfernen, etwas vom Gemüse aus dem Topf nehmen. Den Rest der Flüssigkeit mit dem Gemüse pürieren und mit etwas Butter verfeinern.

6 Den Braten in Tranchen schneiden und mit der Sauce servieren.

Als Beilage eine feine Bramatapolenta servieren.

Zitronenglace mit Grassins

Das brauche ich dazu

350 g weiche Butter
100 g Zucker
1 Pr Salz
500 g Mehl

Grassins
1 Butter mit dem Zucker und der Prise Salz schaumig rühren. Nach und nach das Mehl daruntergeben und den Teig an einem kühlen Ort etwa 30 Minuten ruhen lassen.

2 Teig 5 mm dick auswallen, runde Plätzchen ausstechen und auf zwei mit Backtrennpapier belegte Backbleche geben. Im auf 180 Grad vorgeheizten Ofen etwa 10 Minuten backen.

3 Auf einem Gitter auskühlen lassen.

300 g Zitronen-Halbfettquark oder Halbfettquark mit etwas Zitronensaft vermischt
180 g Zitronenjogurt
100 g Puderzucker
1 Bio-Zitrone, Schale
1½ dl Rahm, geschlagen
etwa 100 g Heidel- oder andere Beeren
4 Meringueschalen, in Stücke gebrochen

Glace
4 Quark, Jogurt, Puderzucker und die abgeriebene Zitronenschale glattrühren. Den geschlagenen Rahm unterziehen.

5 Vier Plastikförmchen schichtweise mit Zitronencrème, Beeren und Meringueschalen füllen. Mindestens 6 Stunden im Tiefkühler fest werden lassen.

Fruchtsauce
etwa 200 g Heidel- und Preiselbeeren
1 dl Orangensaft

6 Für die Fruchtsauce Beeren mit dem Orangensaft pürieren und erhitzen.

7 Die Glaceförmchen vor dem Anrichten etwa 10 Minuten antauen lassen, damit sich die Glace gut aus den Förmchen löst oder mit einem warmen Messer die Glace vom Förmchenrand lösen.

8 Glace auf Desserttellern anrichten und mit der Fruchtsauce und den Grassins servieren.

Margrit Odermatt aus Stans NW

Margrit und Paul Odermatt wohnen mit ihren drei Kindern Patrick, Nicole und Daniel auf dem Hof Wang am Fusse des Stanserhorns. Sie betreiben einen reinen Milchwirtschaftsbetrieb mit eigener Jungviehaufzucht. Daneben engagiert sich die junge Bäuerin stark im Forum Nidwalden, einem beratenden Gremium für die Agrarpolitik des Regierungsrates. Nebenbei arbeitet Margrit beim «Nidwaldner Buirä-Apero»-Team mit, wo sie hauptverantwortlich ist für die Zubereitung von Käseplatten.

Margrits Traum ist der Umbau der alten, leerstehenden Scheune in ein Gästehaus. Denn oberhalb des Betriebes führen verschiedene Wanderwege, wie der bekannte Jakobsweg und auch der gut begangene Bruderklausenweg vorbei. So könnte Margrit ihrer Kochleidenschaft bei der Betreuung der Gäste frönen.

Neben der Milchwirtschaft – im Stall der Familie Odermatt stehen 18 Milchkühe und 15 Stück Jungvieh – ist die Kälbermast ein weiteres Kerngeschäft des Betriebes. Jährlich werden etwa zwölf Mastkälber verkauft. Die Milch liefern sie an die Käserei Fahrmattli, eine der beiden Stanser Dorfkäsereien, wo unter anderem der Stanser Bergkäse produziert wird. Zusätzlich wird im Winter in der hauseigenen Schnapsbrennerei Zwetschgen-,

Birnen- und Kräuterschnaps hergestellt. Für die Nidwaldner Spezialitäten braucht Margit Odermatt ausschliesslich Produkte aus der Region. Das liegt ihr sehr am Herzen, nicht zuletzt auch der Umwelt zuliebe. Für die Alltagsküche nimmt sich Margrit Odermatt – trotz ihrem arbeitsreichen Pensum auf dem Betrieb – viel Zeit. Jeden Tag kommt Frisches auf den Tisch in Form von Gemüse, Früchten oder Salat aus dem eigenen Garten. Einige ihrer Rezepte stammen aus der Sammlung ihrer Schwiegermutter, so auch das Geheimrezept von «Muetis Zigerkrapfen».

Der Kanton Nidwalden liegt im Herzen der Schweiz, «Zwische See und heechä Bärge». Umgeben von Bergen grenzt Nidwalden im Norden an den Vierwaldstättersee. Die günstige geografische Lage sowie die vielfältigen voralpinen Naturschönheiten locken Touristen von nah und fern an. Neben dem Tourismus ist die Landwirtschaft denn auch ein wichtiger wirtschaftlicher Faktor. Mit dem kulinarischen Label «natürlich Nidwalden» werden Käse- und Fleischspezialitäten aus der Region angeboten.

Stans ist der Hauptort des Kantons. Ein Anziehungspunkt ist der malerische Dorfplatz mit seinen historischen Häusern. Hier steht auch das Denkmal des lokalen Helden Arnold von Winkelried. Die Legende besagt, dass sich Winkelried todesmutig in der Schlacht von Sempach 1386 in die Lanzen der gegnerischen Habsburger stürzte und so den Eidgenossen zum Sieg verhalf. Heute findet hier der samstägliche Wochenmarkt statt, wo die Bauern der Umgebung ihre Produkte und Nidwaldner Spezialitäten anbieten. Aber auch die Stanser Älplerchilbi, eines der urchigsten Erntedankfeste der Schweiz, wird jeweils im Oktober auf diesem Platz gefeiert.

Das Panorama vom rund 1900 Meter hohen Stanserhorn gehört wohl zu den eindrücklichsten. Der Blick auf einhundert Kilometer Alpenkette und zehn Seen erfreut jeden Besucher. Auch Bahnromantiker kommen auf ihre Rechnung, denn die alte Stanserhornbahn, die seit 1893 fährt, ist immer noch in Betrieb. Bei der Mittelstation geht es dann aber mit der neuzeitlichen Luftseilbahn bergwärts. Und oben erwartet die Besucher ein Drehrestaurant, das zur Panorama-Rundfahrt einlädt.

Margrit Odermatt, Stans

Geräucherter Fisch auf Gemüse-Carpaccio

Das brauche ich für 4 Personen

4 geräucherte Fische (Albeli)
400–600 g Saisongemüse
(Rüebli, Peperoni, Zucchetti, ...)
1 Bund Basilikum

Marinade
1 El Sojasauce
1 El Apfelessig
4 El Olivenöl
1 Zitrone, Schale
4 El geriebener Sbrinz

Meerrettichsauce
1 Stange (etwa 10 cm)
Meerrettich
etwa 2 dl Weisswein
etwa 1 dl weisser Essig
Rahm
etwas Zucker

1 Das Gemüse in feine Streifen hobeln und auf Tellern anrichten. Das fein geschnittene Basilikum auf dem Gemüse verteilen.

2 Für die Marinade Sojasauce, Apfelessig, Olivenöl und abgeriebene Zitronenschale vermischen und über das Gemüse träufeln. Den geriebenen Sbrinz darüberstreuen.

3 Für die Meerrettichsauce den Meerrettich fein reiben und mit dem Wein und Essig vermengen. Soviel geschlagenen Rahm unterziehen, bis eine dicke Sauce entsteht. Für ein milderes Aroma etwas Zucker beigeben.

4 Die geräucherten Fische auf dem Gemüse-Carpaccio anrichten und mit der Meerrettichsauce servieren.

Spinatknöpfli mit Stanser Bergkäse

Das brauche ich dazu

600 g Spinat
400 g Mehl
2 Kl Salz
4 El Griess
4 Eier
2 dl Wasser
etwa 100 g geriebener Stanser Bergkäse

1 Den Spinat weichkochen und pürieren.

2 Mehl, Salz und Griess vermischen und eine Vertiefung bilden. Eier mit dem Wasser verquirlen und in die Mulde geben. Nach und nach unter Rühren zu einem Teig verarbeiten und so lange klopfen, bis der Teig glänzt und Blasen wirft. Den pürierten Spinat dazugeben und gut vermischen. Teig zugedeckt 30 Minuten ruhen lassen.

3 In einer grossen Pfanne leicht gesalzenes Wasser aufkochen. Teig portionsweise mit einem Teigschaber durchs kalt abgespülte Knöpflisieb ins kochende Salzwasser streichen.

4 Sobald die Knöpfli an die Oberfläche steigen, mit einer Schaumkelle herausnehmen, abtropfen lassen, in eine Gratinform geben und warmstellen. Spinatknöpfli grosszügig mit dem geriebenen Bergkäse bestreuen und für 10 Minuten in der Mitte des auf 200 Grad vorgeheizten Ofens überbacken.

Margrit Odermatt, Stans

Milchbraten vom Kalb

Das brauche ich für 4 Personen

1 kg Kalbsbraten

Marinade
1 El Senf
1 El Rapsöl
1 El Worcestersauce
2 Knoblauchzehen, gepresst
2 Blätter Salbei,
in feine Streifen geschnitten

Würze
2 Kl Salz
1 Knoblauchzehe
6 dl Milch

Sauce
2 Kl Stärkemehl
2 El Wermut
2 dl Halbrahm
etwas Salz
Pfeffer aus der Mühle

1 Alle Zutaten für die Marinade gut vermischen. Das Fleisch in eine grosse Form legen und mit der Marinade bestreichen. Im Kühlschrank zugedeckt mindestens einen halben Tag marinieren lassen.

2 Das Fleisch herausnehmen, die Marinade abstreifen, salzen und in die Bratform legen. Die Knoblauchzehe zugeben und das Fleisch mit der Milch übergiessen. In die untere Hälfte des auf 200 Grad vorgeheizten Ofens schieben. Die Temperatur nach 30 Minuten Bratzeit auf 180 Grad reduzieren und weitere 60 Minuten garen. Das Fleisch von Zeit zu Zeit mit der Milch übergiessen.

3 Den Braten aus dem Ofen nehmen und 10 bis 15 Minuten ruhen lassen, damit er schön saftig bleibt. In Tranchen schneiden.

4 Für die Sauce Stärkemehl mit dem Wermut vermischen und unter ständigem Rühren aufkochen. Bratflüssigkeit unterrühren, Rahm dazugeben und mit Salz und Pfeffer abschmecken.

Kürbisblume mit Lupipilz

Das brauche ich für 4 Personen

4 Scheiben Kürbis,
etwa 2 cm dick geschnitten
etwas Butter

1 dl Weisswein
1 dl Wasser
etwas Salz und Zucker
4 Austernpilze

1 Mit einem Förmchen 6 Blumen aus den Kürbisscheiben schneiden und im Salzwasser knapp weichkochen. Herausnehmen und wenig Butter zum Schmelzen darübergeben.

2 Weisswein, Wasser, Salz und Zucker in eine Pfanne geben und die Pilze darin weichkochen. Pilze aus der Flüssigkeit nehmen, abtropfen lassen und auf die Kürbisblumen setzen.

3 Den in Scheiben geschnittenen Braten, die überbackenen Spinatknöpfli und die Kürbisblumen mit Lupipilz auf vorgewärmten Tellern anrichten und zusammen mit der Sauce servieren.

Margrit Odermatt, Stans

Birnelparfait mit Rotweinbirne

Das brauche ich dazu

4 Eigelb
4 El Birnel (Birnendicksaft)
4 Eiweiss
3 dl Rahm

4 dl Rotwein
2 Nelken
1 Zimtstange
etwa 3 El Birnel
4 feste Birnen
1 Kl Stärkemehl

1 Eigelb und Birnel schaumig rühren. Das Eiweiss und den Rahm separat steif schlagen und vorsichtig unter die Birnelmasse heben.

2 Masse in kleine Formen oder in eine mit Klarsichtfolie ausgelegte Cakeform füllen und 4 bis 5 Stunden im Tiefkühler fest werden lassen.

3 Für die Rotweinbirnen Rotwein, Nelken, Zimtstange und Birnel verrühren und aufkochen. Die Birnen schälen, den Stiel dabei aber an der Frucht belassen! Birnen an der Unterseite gerade schneiden, damit sie aufrecht auf dem Teller stehen.

4 Die Birnen in die Flüssigkeit geben und etwa 20 Minuten darin garen. Herausnehmen und beiseite stellen.

5 Den übrig gebliebenen Weinsirup bis zur Hälfte einkochen lassen. Stärkemehl mit etwas Wasser anrühren und beigeben, weitere 10 Minuten kochen, bis der Sirup etwas eingedickt ist. Birnen zum Aufwärmen nochmals kurz zum Sirup geben.

6 Zum Anrichten die Birnen mit etwas Saft auf die Teller stellen und das Birnelparfait dazugeben.

Nidwalder Nussheckli

Das brauche ich dazu

4 Eier
400 g Zucker
100 g Mehl
500 g Hasel- oder Baumnüsse, grob gehackt

1 Die Eier mit dem Zucker schaumig rühren. Nüsse und Mehl unter die Masse heben.

2 Mit einem Teelöffel kleine Häufchen auf das mit Backtrennpapier ausgelegte Blech setzen und 20 Minuten im auf 180 Grad vorgeheizten Ofen backen. Auf einem Kuchengitter auskühlen lassen.

Lina Bernhardsgrütter aus Gossau SG

Lina Bernhardsgrütter, die in Herisau aufgewachsen ist, erlernte den Beruf der Damenschneiderin. Vom Landwirtschaftsvirus wurde sie durch ihren späterer Mann Peter angesteckt. Ihre vier Kinder sind auf dem Hof gross geworden, heute jedoch weitgehend «ausgeflogen». Deshalb können die beiden es etwas ruhiger nehmen und sich voll ihren vielen Tätigkeiten auf dem Betrieb widmen.

Der Hof Mädertal liegt am Stadtrand von Gossau und wurde 1970 von Peters Vater gebaut. Die 19 Hektaren Landfläche werden als mittelgrosser Betrieb bezeichnet. Mit 30 Kühen betreiben sie noch immer Milchwirtschaft; dazugekommen sind jedoch im Laufe der Jahre viele Nischenprodukte. So sind Pouletmast, Gemüse- und Blumenanbau oder spezielle, kaltgepresste Öle zu wichtigen finanziellen Standbeinen der Familie Bernhardsgrütter geworden. Lina geht mit diesen Produkten regelmässig auf den Gossauer Bauernmarkt, der jeweils am Donnerstag und am Samstag von April bis Dezember in der Markthalle stattfindet.

«Mein Mann hat beim Essen noch nie reklamiert.» Diese Aussage von Lina nimmt man ihr gerne ab. Gelernt hat sie das Kochen bei ihrer Mutter und in der Bäuerinnenschule. Für Lina ist wichtig, dass jeden Tag frischer Salat auf den Tisch kommt. Danach gibt es

Suppe, Fleisch und viel Gemüse. Die Familie Bernhardsgrütter ist weitgehend Selbstversorger, und so kann Lina sich bei den Produkten «bedienen», welche Acker und Stall hergeben. Ihr oberstes Gebot beim Kochen ist wenig Fett und wenig Salz verwenden und beim Garen von Gemüse nicht mit zu hohen Temperaturen arbeiten.

Gossau liegt im Fürstenland, zwischen Bodensee und Alpstein, westlich der Stadt St. Gallen. Hier zweigt man ab ins Appenzellerland. Mit seinen 17'300 Einwohnern und annähernd 9'700 Arbeitsplätzen ist es eine der wichtigsten Gemeinden der Ostschweiz. Prägend sind die Lebensmittelbetriebe wie Jowa, Suttero oder die Verteilzentralen von Migros, Coop, Spar oder CCA.

Gossau wird im Jahr 824 erstmals urkundlich erwähnt. Zweimal, 1638 und 1731, brannten in der Stadt zahlreiche Häuser nieder.

Bekannt ist das Schloss Oberberg am Rande der Stadt. Die Ursprünge gehen zurück bis ins 13. Jahrhundert. Entstanden ist es in der Mitte des 16. Jahrhunderts. Heute ist das gepflegte Anwesen ein beliebtes Ausflugsziel.

Salate

Das brauche ich für 4 Personen

200 g gedämpfte Randen,
in Würfel geschnitten
2 El Balsamicoessig
4 El Mohnöl
Salz, Pfeffer, Muskat

200 g Rüebli, geschält und
geraffelt
1 El Essig
1 El Zitronensaft
3 El Rapsöl
Salz, Zucker

200 g Kabis, fein gehobelt
2 El Essig
3 El Leinöl
Salz, Pfeffer
etwas Kümmel nach Belieben
1 Knoblauchzehe nach Belieben

100 g grüner Salat
einige Mozzarellaherze,
Tomaten und Basilikum

Randensalat
Die Randen in eine Schüssel geben. Für die Sauce den Balsamicoessig mit dem Mohnöl vermischen, mit Salz, Pfeffer und Muskat würzen und über die Randen giessen.

Rüeblisalat
Die Rüebli in eine Schüssel geben. Für die Sauce den Essig, Zitronensaft und das Rapsöl vermischen, mit Salz und Zucker abschmecken und über die Rüebli giessen.

Kabissalat
Kabis in eine Schüssel geben. Für die Sauce den Essig, das Leinöl, Salz, Pfeffer und nach Belieben Kümmel und gepresste Knoblauchzehe verrühren und über den Kabis giessen, gut mischen und mindestens 1 Stunde ziehen lassen.

Grüner Salat
Alle Salate auf Tellern anrichten und mit Mozzarellaherzen, Tomaten und Basilikum garnieren.

Kürbiscrèmesuppe mit Majoran

Das brauche ich dazu

20 g Butter
1 Zwiebel, fein geschnitten
500 g Kürbisfleisch,
in Würfel geschnitten
1 Kartoffel, geschält,
in Würfel geschnitten
2–3 El Mehl
¾–1 l Bouillon
Salz, Pfeffer, Majoran
wenig Curry
1 dl Rahm
etwas Rahm und Majoran,
für die Garnitur

1 In einer Pfanne die Butter schmelzen, die Zwiebel darin andünsten, Kürbis- und Kartoffelwürfel dazugeben und leicht andämpfen. Das Mehl daruntermischen und mit der Bouillon ablöschen. 20 Minuten köcheln lassen, bis der Kürbis weich ist.

2 Pürieren und mit Salz, Pfeffer, Majoran und etwas Curry würzen. Zum Schluss mit Rahm verfeinern.

3 Zum Servieren die Suppe in Suppenteller oder -schüsseln verteilen und mit etwas geschlagenem Rahm und Majoran garnieren.

Lina Bernhardsgrütter, Gossau

Fürstenländer Pouletschenkel an Rosmarinjus

Das brauche ich für 4 Personen

4 Pouletschenkel

Marinade
1 El Senf
1 Msp Sambal Oelek
etwas Muskat
etwas scharfer Curry
Paprika
2 El Weisswein
4 El Rapsöl
1 El frischer, gehackter Rosmarin
Kräutermeersalz

Rosmarinjus
2 dl Wasser
1 El Hühnerbouillonpulver
1 El Melasse
Pfeffer
1 Rosmarinzweig

1 Für die Marinade alle Zutaten miteinander vermischen und die Pouletschenkel in der Marinade wenden; mindestens 2 Stunden ziehen lassen, danach die Marinade abstreifen.

2 Die Pouletschenkel können auf drei Arten gebraten werden:
- Auf dem Holzkohlegrill etwa 25 Minuten über mittelstarker Glut, ein- bis zweimal wenden.
- Auf dem Gas/Elektrogrill etwa 25 Minuten auf mittlerer Stufe, ein- bis zweimal wenden.
- Im Backofen auf einem mit Backtrennpapier ausgelegten Blech etwa 45 Minuten bei 220 Grad, einmal wenden.

3 Für den Rosmarinjus Hühnerbouillon, Fleischfond und ein wenig Melasse einköcheln lassen. Mit Pfeffer aus der Mühle und frischen Rosmarinnadeln abschmecken.

Saisongemüsevielfalt

Das brauche ich dazu

div. Saisongemüse, gerüstet
(z.B. Auberginen, Blumenkohl,
Brokkoli, grüne Bohnen, Kohl,
Fenchel, Rüebli, Kürbis, Lauch,
Zucchetti, Pfälzerrüebli)
pro Person 150 g berechnen
Salz
wenig Butter
Majoran, Petersilie und Schnittlauch, gehackt

1 Gemüse fein schneiden und in die kalte Pfanne mit gut verschliessbarem Deckel geben. Salz und Butter beifügen und alles gut mischen.

2 Auf den Herd stellen und auf höchster Stufe kurz erhitzen, bis es zischt. Sodann bei kleiner Hitze 10 bis 15 Minuten weichgaren. Nie Wasser beifügen, notfalls die Pfanne kurz von der Platte ziehen und warten, bis sich Flüssigkeit gebildet hat. Zwischendurch die Pfanne schütteln, ohne den Deckel abzuheben.

Von dieser Zubereitungsart hängt sehr viel ab. Das Garen ohne Wasser ist wichtig, damit die Zellstruktur des Gemüses nicht zerfällt. Fett ist nötig, damit die fettlöslichen Vitamine aufgenommen werden können. Salz ist wichtig für den Wasserentzug beim Gemüse in der Pfanne und die Bildung der Magensäure, also für die Verdauung des Gemüses.

3 Mit Majoran, Petersilie und Schnittlauch bestreuen und als Beilage blaue St. Galler Gschwellti und Bratkartoffeln servieren.

Lina Bernhardsgrütter, Gossau

Himbeer-Mascarponecrème

Den Mascarpone glattrühren. Die Himbeeren mit dem Zitronensaft und Puderzucker pürieren und mit dem Mascarpone sorgfältig vermengen. Den Rahm schlagen und unter die Masse heben. Mit zwei Kaffeelöffeln Nocken formen und auf den Tellern anrichten. Mit einigen Himbeeren garnieren.

Das brauche ich dazu

250 g Mascarpone
200 g Himbeeren
(frische oder gefrorene)
1 El Zitronensaft
2 El Puderzucker
2 dl Rahm
einige Himbeeren

Erdbeerpüree auf Schlagrahm

1 Erdbeeren, Zitronensaft und Puderzucker pürieren. (Es kann auch tiefgefrorenes Erdbeerpüree verwendet werden.)

2 Den Rahm steif schlagen und mit einem Dressiersack grosse Herzen auf die Dessertteller geben und mit 1 Esslöffel Erdbeerpüree füllen.

Das brauche ich dazu

100 g Erdbeeren
1 El Zitronensaft
1 El Puderzucker

2 dl Rahm

St. Galler Klostertorte

1 Für den Teig die Butter mit dem Zucker sehr schaumig rühren. Die gemahlenen Mandeln, den Kakao, Zimt, die Milch und das gesiebte Mehl mit dem Backpulver beigeben und alles rasch zu einem geschmeidigen Teig verarbeiten (der Teig sollte sich vom Schüsselboden lösen). Zugedeckt 30 Minuten an einem kühlen Ort ruhen lassen.

2 Eine Springform mit Butter bestreichen und mit Mehl bestäuben. Den Teig halbieren und den Springformboden damit auslegen. Die Hälfte des restlichen Teiges zu zwei Rollen formen und miteinander verschlingen. Diese mit Eiweiss bestreichen und als Rand auf den Tortenboden legen. Die Tortenmitte mit Konfitüre bestreichen. Aus dem restlichen Teig Streifen oder Ornamente (Sterne oder Herzen) ausstechen und auf der Tortenoberfläche dekorativ anordnen. Die Teigoberfläche mit verklopftem Eigelb bestreichen.

3 In der Mitte des auf 180 Grad vorgeheizten Ofens etwa 45 Minuten backen. Auf einem Gitter auskühlen und 2 Tage ziehen lassen.

Das brauche ich für eine Springform von 22 cm

150 g Butter
100 g Zucker
100 g gemahlene Mandeln
2 El Kakaopulver
1 Kl Zimt
etwa ½ dl Milch
300 g Mehl
1 Kl Backpulver
1 Ei
225 g Zwetschgen- oder Himbeer-Johannisbeerkonfitüre

Heidelbeer-Roulade

Das brauche ich für 2 Rouladen

Biskuit
4 Eier
1 El warmes Wasser
60 g Zucker
½ Zitrone, Schale
60 g Zucker
80–120 g Mehl
20 g Stärkemehl

etwas Heidelbeerkonfitüre

Crème
150 g Magerquark
2 dl Rahm, steif geschlagen
1 El Vanillezucker
1–2 El Puderzucker
1 El Zitronensaft
etwas Heidelbeerkonfitüre
(oder 2 Tropfen Randensaft)
für eine intensive Farbe
250 g frische Heidelbeeren
2 Blatt Gelatine

1 Eigelb, Wasser und Zucker schaumig schlagen, bis eine cremeartige Masse entstanden ist. Eiweiss mit dem Zucker und etwas abgeriebener Zitronenschale steif schlagen und sorgfältig unter die Eigelbmasse ziehen. Das Mehl mit dem Stärkemehl vermischen und zu der Masse sieben; sorgfältig unterheben.

2 Den Teig auf zwei mit Backtrennpapier belegte Bleche streichen und im auf 230 Grad vorgeheizten Ofen etwa 8 Minuten backen.

3 Biskuit nach dem Backen auf ein Backtrennpapier stürzen und das warme Blech etwa 5 Minuten darüberlegen. Blech und Backtrennpapier entfernen und auskühlen lassen.

4 Für die Crème Magerquark, geschlagenen Rahm, Vanillezucker, Puderzucker, Zitronensaft und etwas Heidelbeerkonfitüre vermischen. 50 g der Heidelbeeren pürieren, die Gelatine darin auflösen und mit der Quarkmasse verrühren. Sollte die Crème etwas zu flüssig sein, im Kühlschrank oder Tiefkühler fest werden lassen.

5 Die Crème auf beide Biskuits streichen und die Heidelbeeren gleichmässig darauf verteilen. Der Länge nach aufrollen und bis zum Servieren kühl stellen.

Käthy Hürzeler aus Grod SO

Käthy Hürzeler ist in Breitenbach im Kanton Solothurn geboren und aufgewachsen. Nach einer Gärtnerinnenlehre zog es sie in die Landwirtschaft. Käthy ist Mutter von vier Kinden. Neben ihrem bäuerlichen Alltag liegen ihr noch viele andere Tätigkeiten am Herzen. So engagiert sie sich in der Kirche und gibt Religionsunterricht. Zudem ist sie im Fachbereich «Garten» Prüferin für angehende Bäuerinnen am Bildungszentrum Wallierhof in Riedholz.

Die Familie Hürzeler wohnt im kleinen Weiler Grod. Auf dem gleichen Grundstück leben auch Käthys Schwiegereltern. In den verschiedenen Stallungen rund ums Haus züchtet und mästet ihr Mann Karl Schweine. Daneben zieht er für einen Partnerbetrieb junge Rinder auf. Zudem werden Getreide und Mais angebaut. Ein weiterer Einkommenszweig ist das Obst. Auf einer Fläche von 55 Aren stehen Apfelbäume, die pro Are einen Ertrag von rund 300 Kilogramm bringen.

Käthy legt grossen Wert darauf, dass sie möglichst viele frische Produkte aus dem eigenen Anbau oder Stall in der Küche einsetzen kann. Eier, Gemüse und Fleisch kommen bei ihr wenn immer möglich vom eigenen Hof. Ziel ist die totale Selbstversorgung. Daneben ist ihr auch wichtig, dass ihre vier Kinder möglichst früh kochen lernen. So ist es denn in den

Ferien auch Pflicht, dass die Jungen für die Familie das Mittagessen zubereiten.

Unter dem Label «SO natürlich» haben sich die Solothurner Bauern und Gewerbebetriebe zusammengeschlossen, um Produkte aus den verschiedenen Regionen des Kantons gemeinsam zu vermarkten. Im Hofladen der Familie Hürzeler wird – neben den eigenen Produkten wie Eier, Äpfel und Most – beispielsweise Apfel-Balsamicoessig mit diesem Label angeboten.

Der Weiler Grod liegt am Ostrand des Kantons Solothurn. Der Name des Ortes kommt von «roden». Im Mittelalter wurde hier Wald gerodet, um Ackerland zu gewinnen. Politisch gehört Grod zur Gemeinde Gretzenbach. Da Grod als kleinste Gemeinde des Kantons Solothurn nie 100 Einwohner zählte – heute sind es deren 24 –, konnte sie den politischen Pflichten kaum nachkommen. Nachdem sie bereits im 19. Jahrhundert Auflösungsgesuche gestellt hatte, wurde 1973 der Zusammenschluss mit Gretzenbach vollzogen.

Solothurner Weinsuppe

Das brauche ich für 6 Personen

½ Sellerieknolle,
in feine Streifen geschnitten
1 kleine Stange Lauch,
in feine Streifen geschnitten
1 mittelgrosses Rüebli,
in feine Streifen geschnitten
1½ El Stärkemehl
1 l Bouillon
5 dl Weisswein
1 dl Rahm
Salz
Pfeffer
Brotwürfel, in Butter leicht geröstet

1 Sellerie, Lauch und Rüebli in Wasser knapp bissfest garen, beiseite stellen.

2 Stärkemehl in etwas Flüssigkeit auflösen und mit der Bouillon aufkochen. Weisswein zufügen und nochmals kurz aufkochen. Den Rahm unterrühren und die Suppe mit Salz und Pfeffer abschmecken.

3 Die gedämpften Gemüsestreifen in vorgewärmte Teller geben und die heisse Suppe darüber anrichten.

4 Mit gerösteten Brotwürfeln garnieren und servieren.

Knackiger Apfel-Gemüsesalat

Das brauche ich dazu

4 El Apfel-Balsamicoessig
1 Kl Senf
Salz
Pfeffer
2 El Sauerrahm
5–6 El Sonnenblumenöl
1 Büschel Petersilie
2 Äpfel (z.B. Rubinstar), ungeschält, entkernt
200 g Rüebli, geschält
250 g Weisskabis,
in feine Streifen geschnitten
1 Radicchio rosso
Baumnüsse und Zwiebelsprossen, für die Garnitur

1 Für die Sauce den Apfel-Balsamicoessig und Senf vermischen, mit Salz und Pfeffer würzen. Den Sauerrahm und das Sonnenblumenöl mit einem Schwingbesen unterrühren. Petersilie hacken und unter die Sauce geben.

2 Äpfel und Rüebli an einer Röstiraffel direkt in die Sauce reiben, sofort vermischen. Den fein geschnittenen Kabis ebenfalls unter den Salat mischen und alles kurz ziehen lassen.

3 Die Radicchioblätter ohne Strunk auf die Teller legen, den Apfel-Gemüsesalat darauf verteilen und mit Baumnüssen und Zwiebelsprossen garnieren.

Kanincheneintopf – Hürzelers Festessen

Das brauche ich für 6 Personen

12 Zwetschgen, entsteint
100 g Sultaninen
5 El Cognac
100 g Speck
1½ kg Kaninchenragout
1½ Kl Salz
Pfeffer aus der Mühle
Thymian
Basilikum
Rapsöl
12 Frühlingszwiebeln, halbiert
2 dl Rotwein
1½–2 dl Fleischbouillon
Salz
Streuwürze
200 g gelbe Rüebli
200 g orange Rüebli
250 g Kastanien, tiefgekühlt

Sauce
2 El Zucker
½ dl heisses Wasser
2 Kl Stärkemehl
1 dl Rotwein
Pfeffer
Streuwürze
Thymian
1 El Cognac

1 Die Zwetschgen und Sultaninen in eine Schüssel geben, den Cognac darübergiessen und etwa 3 Stunden marinieren lassen.

2 Den Speck in kleine Streifen schneiden und in einer Bratpfanne glasig braten.

3 Fleisch mit Salz, Pfeffer, Thymian und Basilikum würzen. In heissem Öl portionsweise anbraten und herausnehmen.

4 Die Frühlingszwiebeln im restlichen Öl hellbraun anbraten und die Hitze reduzieren. Mit Rotwein ablöschen und die Sauce etwas einkochen lassen. Fleischbouillon dazugiessen, aufkochen und das Fleisch mit dem Speck wieder beigeben. Mit Streuwürze und Salz würzen, zugedeckt 40 Minuten köcheln lassen.

5 Die Rüebli in feine Streifen schneiden und mit den Zwetschgen und Sultaninen zum Fleisch geben, weitere 30 bis 40 Minuten zugedeckt bei schwacher Hitze schmoren lassen. Fleisch von Zeit zu Zeit wenden.

6 Die gefrorenen Kastanien für die letzten 15 Minuten Kochzeit beigeben und mitkochen. Die Sauce absieben und das Fleisch warmstellen.

7 Für die Sauce den Zucker in einer Pfanne goldbraun rösten, mit heissem Wasser ablöschen und die abgesiebte Sauce beigeben. Stärkemehl mit dem Rotwein anrühren und zugeben, etwa 2 Minuten unter ständigem Rühren eindicken lassen. Mit Pfeffer, Streuwürze, Thymian und dem Cognac abschmecken.

8 Das Fleisch auf den Tellern mit dem Kartoffelstock anrichten und die Sauce darübergiessen.

Kartoffelstock

Das brauche ich dazu

800 g mehligkochende Kartoffeln
1½ dl Milch
1½ dl Rahm
Salz
Muskat

1 Die Kartoffeln schälen, in wenig Salzwasser weichkochen und in ein Abtropfsieb geben.

2 Die Milch mit dem Rahm in eine Pfanne geben und bei kleiner Hitze erwärmen. Die Kartoffeln durch ein Passevite in die Milch treiben, kräftig rühren, bis der Kartoffelstock luftig und heiss ist. Mit Salz und Muskat abschmecken.

Süssmostsorbet mit karamellisierten Apfelpilzli

Das brauche ich dazu

Süssmostsorbet
1 dl Wasser
100 g Zucker
4 dl frisch gepresster Süssmost
2 El Honig
1 Eiweiss
1 Pr Salz

Apfelpilzli
3 rotschalige Äpfel
4 El Zucker
2 dl Süssmost

Apfelschaum
200 g Rahm
½ dl Süssmost
50 g Jogurt nature
15 g Puderzucker
50 g Rahmquark
2 g Vanillezucker
20 g Calvados
1 Pr Zimt

Apfelscheiben
1 kleiner Apfel
etwas Butter
Zitronenmelisseblätter

Süssmostsorbet
Wasser und Zucker zu einem Sirup aufkochen und auskühlen lassen. Den Süssmost mit dem Honig zum Zuckersirup geben. Das Eiweiss mit dem Salz steif schlagen und unter die Masse heben. In der Glacemaschine gefrieren lassen oder für etwa 3 Stunden in den Tiefkühler stellen und mehrmals umrühren.

Karamellisierte Apfelpilzli
Aus den Äpfeln mit dem Apfelausstecher Kugeln ausstechen. Den Zucker in einer Pfanne bräunen, mit dem Süssmost ablöschen und aufkochen. Die Apfelkügelchen darin bissfest kochen.

Apfelschaum
Alle Zutaten in einen Rahmbläser geben, Kapsel einführen und 8 bis 10 mal schütteln.

Apfelscheiben
Den Apfel in 4 mm dicke Scheiben schneiden und sofort mit flüssiger Butter bepinseln.

Die Dessertteller mit Puderzucker bestreuen und mit je einer Kugel Süssmostsorbet, 6 bis 8 Apfelpilzli, einem grossen Tupfer Apfelschaum, einer Apfelscheibe und einem Blatt Zitronenmelisse anrichten.

Knusprige Waffeln

Das brauche ich dazu

250 g Butter
3–4 Eier
250 g Zucker
1 Pr Salz
1 Kl Vanillezucker
500 g Mehl

1 Weiche Butter, Eier und Zucker schaumig rühren. Salz und Vanillezucker beigeben und vermischen. Das Mehl dazusieben, zu einem glatten Teig verarbeiten und einige Stunden kühl stellen.

2 Teig in 7 Portionen teilen und auf die Grösse des Waffeleisens ausrollen. Auf dem Waffeleisen goldbraun backen.

Hürzelers Kinder backen die Waffeln auf offenem Feuer mit Urgrossmutters Waffeleisen. So werden sie besonders knusprig!

Silvia Limacher aus Flühli LU

Das Bauernleben wurde ihr eigentlich nicht in die Wiege gelegt. Silvia Limacher hat sich zunächst zur Drogistin ausbilden lassen und schliesslich als Arzthelferin gearbeitet. Doch dann traf sie ihren Peter und ist ihm auf den Hof seiner Eltern gefolgt. Aber auch hier wollte sie keine halben Sachen machen und liess sich zur diplomierten Bäuerin ausbilden. Heute verbindet sie ihre beiden Berufe, indem sie selbstgemachte, naturbelassene Naturkosmetik und Kräutersalben herstellt.

Silvia und Peter Limacher bewirtschaften in dritter Generation den Hof Längbrügg. Sie haben zwei Kinder, Julia und Simon. Unter einem Dach wohnen sie mit Silvias Schwiegereltern. Haupterwerbszweig ist die Schweinezucht im AFP-System (Arbeitsgeteilte Ferkel-Produktion). 25 Mutterschweine und deren Ferkel betreuen sie, bis diese 25 Kilogramm schwer sind. Dann werden die sogenannten Jager an Mastbetriebe verkauft. Daneben halten sie noch 30 Aufzuchtrinder und ein paar Schafe zum «Mähen» der schwer zugänglichen Weiden. Die 15 Hektaren landwirtschaftliche Nutzfläche, die sie bearbeiten, dienen hauptsächlich der Futterproduktion.

Gleich über dem Hof Längbrügg befindet sich die Kneippanlage Schwandalpweiher. Silvia Limacher hat mitgeholfen, diese Anlage zu errichten und ist Mitglied der Kneipp-Genossenschaft. Sie darf sich im Kneippgarten mit Heilpflanzen bedienen.

Zwischen Napf und Alpenrand, von Wolhusen bis hoch zum Brienzer Rothorn zieht sich die Unesco Biosphäre Entlebuch. Nicht vergebens nennt sich dieser naturnahe Arbeits- und Lebensraum «der Wilde Westen von Luzern». Auf den knapp 400 Quadratkilometern befinden sich die grössten Moorlandschaften der Schweiz. Seit 2001 steht dieses Naturerbe unter dem Schutz der Unesco, und die Entlebucher setzen alles daran, ihre Heimat gesund zu erhalten. Auf zehn Lern- und Erlebnispfaden und über 500 Kilometern markierten Wanderwegen kann das Entlebuch erkundet werden.

Die beiden Orte Flühli und Sörenberg sind eine Gemeinde und bilden das touristische Zentrum der Region Entlebuch. Im Winter sind es vor allem die Skifahrer, Boarder und Langläufer, die sich auf den zahlreichen Pisten und Loipen vergnügen. Im Frühling, Sommer und Herbst lockt das Gebiet zwischen Schrattenfluh und Rothorn Wanderer, Mountainbiker, Kletterer sowie Höhlen- und Hochmoorforscher an.

Die Biosphäre Entlebuch hat sich den Erhalt und den schonenden Umgang mit ihrem Lebensraum auf die Fahne geschrieben. Dazu gehört auch die Förderung und Bewahrung einheimischer Traditionen und Produkte. Berühmt sind weit über die Regionsgrenzen hinaus die Entlebucher Wurstwaren sowie diverse Käsesorten und spezielle Destillate. Mittlerweile sind es weit über 300 Produkte, die das Zertifikat «Echt Entlebuch» tragen dürfen und so dafür sorgen, dass die nachhaltige Entwicklung der Region selbstbewusst und gewinnbringend vorangetrieben wird.

Silvia Limacher, Flühli

Kürbissuppe mit Alpkäse und Alpkräutern

Das brauche ich für 4 Personen

1 Zwiebel
1 Knoblauchzehe
1 El Butter
600 g Kürbisfleisch,
in Würfel geschnitten
4 dl Bouillon
eine Handvoll Alpenkräuter
(z.B. wilder Thymian)
Salz
Pfeffer
1 Pr Zucker
1 Kl Curry
100 g saurer Halbrahm
etwas einjähriger Alpkäse,
fein gehobelt

1 Zwiebel und Knoblauchzehe fein hacken und in der heissen Butter andünsten. Das Kürbisfleisch zugeben und kurz mitdämpfen.

2 Die Hälfte der Bouillon beigeben und zugedeckt während etwa 10 Minuten weichkochen. Alles mit dem Stabmixer pürieren, restliche Bouillon dazugeben.

3 Die Alpenkräuter fein hacken und beigeben. Die Suppe mit Salz, Pfeffer, Zucker und Curry würzen. Sauren Halbrahm darunterrühren und nochmals kurz aufkochen.

4 Die Suppe in Tassen anrichten und mit gehobeltem Alpkäse dekorieren.

Kräuterknöpfli

Das brauche ich dazu

400 g Weissmehl
2 Kl Salz
1 Msp Backpulver
4 Eier
2 dl Wasser
2 El Kräuter (z.B. Petersilie,
Schnittlauch, Salbei, Thymian,
Rosmarin), fein gehackt

1 Mehl, Salz und das Backpulver in einer Schüssel vermischen, eine Vertiefung bilden. Das Ei mit dem Wasser und den Kräutern verquirlen und in die Vertiefung geben. Alles mit einer Holzkelle zu einem Teig klopfen. Der Teig soll Blasen werfen und in Fetzen von der Kelle reissen.

2 30 Minuten bei Zimmertemperatur zugedeckt ruhen lassen.

3 Den Teig portionsweise durch ein Knöpflisieb direkt in siedendes, leicht gesalzenes Wasser streichen. Sobald die Knöpfli an die Oberfläche steigen, mit einer Schaumkelle abschöpfen, abtropfen lassen, in eine Schüssel geben und warmstellen.

Lammpfeffer mit Pilzen

Das brauche ich für 6 Personen

1½ kg Lammfleisch,
in etwa 40 g Stücke geschnitten

Beize
4 dl Rotwein
2 dl Weinessig
Salz
10 Pfefferkörner
1 Zwiebel, besteckt mit Lorbeerblatt und Gewürznelke
150 g Rüebli und Lauch, in gleich grosse Stücke geschnitten
1 Rosmarinzweig
Öl

80 g Butter
etwas Mehl
4 dl Rotwein
4 dl Beize
4 dl Bratensauce
200 g Pilze (Eierschwämme und/oder Steinpilze)

1 Für die Beize alle Zutaten in eine Pfanne geben, aufkochen und erkalten lassen.

2 Das Lammfleisch in eine Schüssel geben, mit der Beize bedecken und 2 bis 4 Tage im Kühlschrank ziehen lassen. Gelegentlich umrühren.

3 Das Fleisch aus der Beize nehmen, abtropfen lassen und im heissen Öl auf allen Seiten scharf anbraten. Das Öl abgiessen.

4 Die Beize durch ein Sieb abgiessen und beiseite stellen.

5 Das Gemüse zum Fleisch geben und in etwas Butter 7 Minuten mitdämpfen. Mit Mehl bestäuben, gut vermischen und mit Rotwein ablöschen.

6 Je 4 dl Beize – kurz aufgekocht und gesiebt – und Bratensauce dazugiessen und 1 Stunde zugedeckt bei schwacher Hitze schmoren lassen. Danach die gespickte Zwiebel herausnehmen.

7 Die frischen, geputzten Pilze je nach Grösse halbieren oder vierteln und zum Fleisch geben. 10 Minuten weiter schmoren lassen.

Rotkabis mit Zimt

Das brauche ich dazu

1 kg Rotkabis
Butter
1 Zwiebel, gehackt
1 Apfel
1 Lorbeerblatt
1 Zimtstange
Salz
Pfeffer
Muskat
2 dl Rotwein

1 Den Rotkabis in breite Streifen schneiden.

2 Die Butter schmelzen und die Zwiebel darin andämpfen. Den Apfel an einer Röstiraffel dazureiben. Das Lorbeerblatt und die Zimtstange beigeben und mit Salz, Pfeffer und etwas Muskat würzen. Mit dem Rotwein ablöschen und etwa 50 Minuten zugedeckt köcheln lassen.

3 Vor dem Servieren die Zimtstange und das Lorbeerblatt entfernen.

Silvia's Chilbicrème mit Nidle

Das brauche ich für 4 Personen

150 g Zucker
8 dl Milch

45 g Vanillecrèmepulver
2 dl Milch
1 dl Rahm, zum Garnieren

1 Den Zucker in einer feuerfesten Pfanne karamellisieren, bis er leicht schäumt. Mit der Milch ablöschen (Achtung! – heisser Dampf).

2 Das Vanillecrèmepulver in den 2 dl Milch auflösen und zur Crème geben. Unter ständigem Rühren zum Kochen bringen, in eine Schüssel giessen und auskühlen lassen.

3 Vor dem Servieren die Crème in kleinen Schüsseln anrichten und mit etwas geschlagenem Rahm garnieren.

Tipp
Noch besser schmeckt die Crème, wenn man sie am Vortag zubereitet!

Chräpfli

Das brauche ich dazu

100 g Butter
4 Eier
400 g Zucker
1 Zitrone, Schale
1 dl Rahm
1 El Kirsch
etwa 1,2 kg Mehl
1 P Backpulver
Kokosfett, zum Ausbacken

1 Die weiche Butter zusammen mit den Eiern und dem Zucker zu einer hellen Masse rühren. Abgeriebene Zitronenschale, Rahm und Kirsch unterrühren, das Mehl mit dem Backpulver beigeben und zu einem geschmeidigen Teig zusammenfügen.

2 Den Teig etwa 1 Stunde kühl stellen.

3 Das Kokosfett in einem Gusseisentopf auf etwa 190 Grad erhitzen.

4 Den Teig auswallen und mit einem Teigrädli Chräpfli (Rhomben) schneiden, Im heissen Fett goldgelb ausbacken und auf Haushaltspapier abtropfen lassen.

Antonia Rudin aus Ziefen BL

Seit Anfang 2007 ist Antonia Rudin Präsidentin des Bäuerinnen- und Landfrauenvereins beider Basel. Eine vielfältige Aufgabe, die manchen Abend und manchen Tag kostet, aber viel Freude und Genugtuung bringt. Zweimal pro Woche unterrichtet sie zudem als Handarbeits- und Hauswirtschaftslehrerin Sekundarschüler aus Reigoldswil. Und jeden Donnerstagabend dirigiert sie den Gemischten Chor von Zunzgen. All diese und weitere Engagements sind möglich, weil ihre Kinder Patrick, Andrea, Thomas und David nicht mehr dauernd an ihrem Rockzipfel hängen.

Die gebürtige Innerschweizerin hat ihren Mann durch ein Inserat kennengelernt. Das war 1992. Seither bewirtschaften sie zusammen in Ziefen den Hof Rosenmatt. Den 44 Hektaren grossen Acker- und Milchwirtschaftsbetrieb seiner Eltern hat Martin Rudin im Laufe der Zeit mit viel handwerklichem Geschick um weitere Stallungen erweitert. Sein Ruf eilt ihm voraus, und so wird er vermehrt bei anderen Bauern als Kundenmaurer angestellt. Immer häufiger packt darum Antonia im Stall und auf dem Feld mit an.

Ziefen ist ein idyllischer Ort im Tal der Hinteren Frenke, im Baselbieter Tafeljura. Die Ortschaft liegt rund acht Kilometer vom Bezirkshauptort Liestal entfernt. Ziefen war im letzten Jahrhundert bereits ein stattliches Bauerndorf.

An den steilen Südhängen der linken Talseite wurden Reben angebaut. Gegen Ende des 18. Jahrhunderts brachte die Seidenbandweberei zusätzlichen Verdienst. Zur Blütezeit der Posamenterei um 1880 standen in Ziefen 244 Webstühle.

Das Tal der Hinteren Frenke wird auch das «Feuflibertal» genannt. Diese Bezeichnung erinnert an die Zeit, in der die Webstühle klapperten und die vornehmen Basler «Syydeherre» die gewobenen Seidenbändel mit Fünflibern bezahlten.

Das «Feuflibertal» ist ein Wanderparadies. Reigoldswil, zuhinterst im «Feuflibertal», erreicht man bequem mit dem öffentlichen Bus. Dort befindet sich auch die einzige Bergbahn der Nordwestschweiz, die Gondelbahn Reigoldswil-Wasserfallen. Oben geniesst man eine prachtvolle Aussicht über die Jurahöhen bis zu den Alpen. Ein rasantes Erlebnis ist im Winter die Schlittelbahn zurück ins Dorf Reigoldswil. Im Sommer steht für die selbe Strecke ein Trottinet zur Verfügung.

Seit Mitte des vergangenen Jahrhunderts ist Ziefen zusehends in den Einzugsbereich der benachbarten Industrieorte gelangt. Die früheren Rebberge sind von Einfamilienhäusern durchsetzt. In der Talsohle, Richtung Bubendorf, ist ausserhalb des alten Kerns ein Industriequartier entstanden. Der Dorfkern selbst ist sorgfältig renoviert und wurde 1995 zu den erhaltenswerten Kulturgütern der Schweiz erklärt.

Kürbiscrèmesuppe mit Kastanien

Das brauche ich für 4 Personen

1 El Rapsöl
1 Zwiebel, grob gehackt
80 g Lauch,
in Streifen geschnitten
400 g Kürbisfleisch,
in Würfel geschnitten
150 g gegarte Kastanien,
fein geschnitten
oder Kastanienpüree
8 dl Bouillon
1½ dl Vollrahm
etwas Kardamom
1 Pr Ingwer
Salz
Pfeffer
etwas geschlagener Rahm
etwas fein geschnittenes Kürbisfleisch, zum Garnieren

1 Das Öl in einer Pfanne erhitzen und die Zwiebel darin glasig dämpfen. Den Lauch, Kürbis und die Kastanien beigeben und andämpfen. Mit der Bouillon ablöschen und das Gemüse weichkochen. Den Rahm unterrühren, mit Kardamom und Ingwer würzen, mit Salz und Pfeffer abschmecken.

2 Suppe in Teller oder Tassen geben und mit etwas geschlagenem Rahm und fein geschnittenem Kürbisfleisch garnieren.

Nussbrot aus dem Holzofen

Das brauche ich für ein Brot

500 g Bauernbrotmehl
(oder Ruchmehl)
1½ Kl Salz
etwa 20 g Hefe
3 dl lauwarmes Wasser
2–3 El gehackte Baumnüsse

1 Das Mehl mit dem Salz in eine Schüssel geben und eine Vertiefung bilden. Hefe im lauwarmen Wasser auflösen und mit den Baumnüssen in die Mulde geben. Zu einem Teig verarbeiten und zugedeckt an einem warmen Ort um das Doppelte aufgehen lassen.

2 Ofen auf 200 Grad aufheizen bzw. Holzofen anfeuern. Teig zu einem Brot formen, mit einem Messer einschneiden, mit Wasser bepinseln und nochmals kurz ruhen lassen.

3 In den heissen Ofen schieben und etwa 40 Minuten backen.

Antonia Rudin, Ziefen

Baselbieter Cordon bleu

Das brauche ich für 4 Personen

1 säuerlicher Apfel,
in kleine Würfel geschnitten
1 El Butter
etwas Zimt
2 El Vollrahm

4 Scheiben Bölchenmutschlikäse
(Raclette- oder Greyerzerkäse)
4 Tranchen Schinken
4 Kalbsplätzli (vom Metzger
aufschneiden lassen)
Salz
Pfeffer

2 El Mehl
1 Ei
etwa 100 g Paniermehl
Rapsöl

1 Für die Füllung die Apfelstücke, Butter, etwas Zimt und den Vollrahm in eine Pfanne geben und bissfest kochen.

2 Den Käse und etwas von der Apfelfüllung in den Schinken packen und zwischen das Plätzli legen. Mit Zahnstochern verschliessen und mit Salz und Pfeffer würzen.

3 Cordon bleu im Mehl wenden, etwas abschütteln, im verquirlten Ei und zum Schluss in Paniermehl wenden. Die Panade gut andrücken.

4 Die Cordon bleu im heissen Öl bei mittlerer Hitze auf jeder Seite etwa 4 Minuten braten.

Kartoffel-Lauchgratin

Das brauche ich dazu

1–2 Knoblauchzehen
800 g Gschwellti, geschält und
in Scheiben geschnitten
100 g Lauch, in feine Streifen
geschnitten und gedämpft

Guss
6 dl Vollrahm
3 Eier
1 Kl Salz
etwas Pfeffer
Muskat

1 Eine Gratinform mit den Knoblauchzehen ausreiben. Gschwellti und Lauch in die Gratinform geben.

2 Für den Guss den Rahm mit den Eiern verquirlen, mit Salz, Pfeffer und Muskat würzen, über Kartoffeln und Lauch giessen.

3 In der Mitte des auf 180 Grad vorgeheizten Ofens etwa 20 Minuten goldgelb überbacken, bis der Guss fest geworden ist.

Chirsi Schlemmerbecher

Das brauche ich für 4 Personen

300 g konservierte Kirschen
150 g Magerquark
150 g Rahmquark
3–4 El Zucker
½ Zitrone, Saft
2 säuerliche Äpfel,
an der Röstiraffel gerieben
2–3 dl Vollrahm
eine Handvoll Kirschen und
einige Melisseblätter,
für die Garnitur

1 Die Kirschen in Gläser (z.B. Rotweinglas) oder Dessertschalen verteilen.

2 Für die Quarkcrème den Mager- mit dem Rahmquark, Zucker, Zitronensaft, geriebenen Äpfeln und dem geschlagenen Rahm gut vermischen. Über die Kirschen geben.

3 Obenauf mit je einer Kirsche und einem Melisseblatt garnieren.

Anisbrötli

Das brauche ich dazu

4 Eier
500 g Puderzucker
1½ El Anis
500 g Weissmehl

1 Eier und Puderzucker mit einem Schwingbesen oder in der Küchenmaschine sehr schaumig und hell schlagen. Anis und Weissmehl vorsichtig untermischen und zu einem glatten und geschmeidigen Teig kneten. Zugedeckt 1 Stunde ruhen lassen.

2 Den Teig etwa 1 cm dick auswallen, mit einem Anismödeli (oder einem Kleeblattförmli) ausstechen und auf ein mit Backtrennpapier belegtes Blech legen. 24 Stunden bei Zimmertemperatur stehen lassen.

3 Die Anisbrötli im auf 190 Grad vorgeheizten Ofen 15 Minuten backen oder im Holzofen bei etwa 100 Grad 30 Minuten.

Annelies Graf aus Walkringen BE

Annelies Graf ist auf dem «Stutz» in Walkringen geboren und aufgewachsen. Noch immer lebt sie hier als Mutter von drei erwachsenen Kindern und als dreifache Grossmutter. Sie engagiert sich in der Gemeinde Walkringen, sei es als Gemeinderätin oder als Mitglied der örtlichen Trachtengruppe. Singen und Tanzen sind ihre Leidenschaften, Trachttragen ihr ganzer Stolz. Seit 25 Jahren organisiert sie auch gemeinsam mit anderen Frauen Altersnachmittage in der Kirchgemeinde.

Der Hof liegt zwischen Walkringen und Biglen. Annelies Graf hat ihn vor 30 Jahren zusammen mit ihrem Mann Hans von ihren Eltern übernommen. Hans Graf kam als junger Mann aus dem Kanton Thurgau ins Emmental. Im Januar 2007 haben sie nun ihrem Sohn Samuel und seiner Familie den Hof übergeben. Ein Jahr später sind die Jungen ins Bauernhaus gezogen und sie ins Stöckli. Dort leben ebenfalls die Eltern von Annelies Graf. Ihre Mutter ist eine begnadete Schreiberin und Erzählerin von Emmentaler Geschichten, die im Zytglogge Verlag unter dem Titel «Zimmermeitschi bim Herr Hesse u angeri Gschichte vo früecher» erschienen sind.

Für Annelies ist es wichtig, dass sie gesund und gut kocht. Dazu pflegt sie einen grossen Bauerngarten. Gemüse kommt täglich auf den Tisch: im Sommer frisch vom Gartenbeet.

Im Winter aus dem Lagerkeller, getrocknet vom Estrich oder aus dem Tiefkühler. Fleisch stammt von eigenen Tieren. Sie verwöhnt ihre Gäste gerne mit traditionellen Gerichten wie der Berner Platte. Diese wurde früher zur «Sichlete», also zum Erntedank, zur Taufe oder Hochzeit serviert.

Die Emme gab ihm den Namen, der Käse seine Berühmtheit: Das Emmental ist ein Gebiet sanft geformter Hügel, weit verzweigter Kreten, lieblicher Täler, steiler Gräben, eine einzigartige Landschaft. Bekannt ist das Emmental auch für seine wunderschönen Bauernhäuser, geschmückt mit roten Geranien, seine gastfreundlichen Menschen, seine vorzügliche Küche. Das Emmental ist das Herzstück der Schweiz, wie die Emmentaler selbstbewusst sagen – ein Symbol für Heimat.

Walkringen liegt auf 700 Metern über Meer am Eingang zum Emmental. Erstmals im Jahre 1220 urkundlich erwähnt, wurde das Dorf von alemannischen Siedlern gegründet. Der eigentliche Dorfkern ist in der Talebene. Die rund 1900 Einwohner der Gemeinde leben hier und in den Weilern und Dörfern Wikartswil, Bigenthal, Schwendi und Wydimatt. Markante Gebäude sind die gotische Kirche auf dem Dorfhügel und der Gasthof Bären. Das Walkringer-Moos war einst ein See. Heute gibt es im Moos zahlreiche Wege, die zu Spaziergängen einladen.

Oberhalb des Dorfes, mit schönem Blick auf die Berge des Berner Oberlands, befindet sich das Rüttihubelbad. Von der Bäderromantik von einst ist nichts mehr zu spüren. Bis 1984 war es ein beliebtes «Fressbeizli» mit Bernerplatte, Poulet und Braten sowie krönenden Meringues. Heute ist es ein Hotel-, Kultur-, Seminar- und Sozial-Begegnungszentrum.

Fleischsuppe

Das brauche ich für 6 Personen

2 Zwiebeln, mit wenig Schale
1 Rüebli, quer und längs halbiert
½ Stange Lauch
½ Sellerieknolle,
in Schnitze geschnitten
1 Lorbeerblatt
2 Gewürznelken
1 Markbein oder Kalbsfüssli
Salz
Pfeffer
1 Würfel Rindsbouillon

1 Schweinszüngli
400 g Siedfleisch
etwas Safran
wenig Weisswein

Brotwürfel, geröstet
diverse Kräuter, gehackt

Züpfe

1 Zwiebeln, Gemüse, Lorbeerblatt, Nelken und Markbein in 2 Liter Wasser aufkochen, mit Salz, Pfeffer und dem Bouillonwürfel würzen.

2 Das Schweinszüngli und das Siedfleisch beigeben und leicht kochen lassen. Das Schweinszüngli nach 1 Stunde herausnehmen, das Siedfleisch nach 2 Stunden. Beides für die Bernerplatte warmstellen.

3 Die Suppe absieben, mit etwas Safran und wenig Weisswein abschmecken.

4 In Suppentassen oder -tellern verteilen, mit goldbraun gerösteten Brotwürfeln und Kräutern garniert servieren. Dazu eine frische Züpfe reichen.

Annelies Graf, Walkringen

Bernerplatte

Das brauche ich für 6 Personen

1 Schweinszüngli
400 g Siedfleisch
200 g geräucherter Speck
1 Bauernwurst
oder Berner Zungenwurst
200 g Bauernschinken
oder Rollschinkli

800 g Sauerkraut
1 Zwiebel, besteckt mit Lorbeerblatt und Gewürznelke
3 dl Weisswein
5 dl Wasser
50 g Butter

100 g Dörrbohnen
1 Zwiebel, gehackt
1 Knoblauchzehe, gehackt
etwas Butter
Bohnenkraut
Salz
Pfeffer

400 g Rüebli (rote und gelbe), geschält und in Scheiben geschnitten
wenig Butter
½ dl Orangensaft
5 dl Wasser

18 kleine Kartoffeln (ganz)
½ Kl Salz

1 Schweinszüngli (1 Stunde) und Siedfleisch (2 Stunden) wie auf der Seite vorher beschrieben in der Fleischsuppe kochen.

2 Den Speck und den Schinken bei kleiner Hitze etwa 1 Stunde köcheln oder auf das Sauerkraut legen und mitkochen.

3 Die Wurst in heissem Wasser, knapp unter dem Siedepunkt, etwa 30 Minuten ziehen lassen.

Sauerkraut
Das Sauerkraut zusammen mit der besteckten Zwiebel in eine Pfanne geben, Weisswein und Wasser dazugiessen und etwa 2 Stunden weichkochen. Die besteckte Zwiebel herausnehmen. 10 Minuten vor dem Ende der Kochzeit Butter beigeben – das macht das Sauerkraut feiner und leichter verdaulich!

Dörrbohnen
1 Die Dörrbohnen am Vortag in kaltem Wasser einweichen.

2 Einweichwasser abgiessen. Einen Liter leicht gesalzenes Wasser aufkochen und die Bohnen 5 Minuten darin blanchieren.

3 Gehackte Zwiebel und Knoblauch in etwas Butter andämpfen, blanchierte Bohnen dazugeben. Mit Wasser oder Bouillon ablöschen (Bohnen müssen bedeckt sein), mit etwas Bohnenkraut, Salz und Pfeffer würzen und etwa 40 Minuten zugedeckt köcheln lassen.

Rüebli
Die Rüebli in wenig Butter kurz andämpfen und mit Orangensaft und Wasser ablöschen. Salzen und etwa 20 Minuten bissfest köcheln.

Salzkartoffeln
Wenig Wasser in eine Pfanne geben, salzen und die Kartoffeln im Dampfkörbchen hineinstellen. Etwa 20 Minuten zugedeckt kochen. Die Kartoffeln können auch direkt auf den Dörrbohnen oder auf dem Sauerkraut mitgekocht werden.

Auf einer grossen Platte das Sauerkraut auf der einen und die Bohnen auf der anderen Seite anrichten, das Fleisch darauf verteilen, dazu Salzkartoffeln servieren.

Annelies Graf, Walkringen

Gebrannte Crème

Das brauche ich für 6 Personen

4 El Zucker
2 El Wasser
wenig Zitronensaft
5 dl Milch
1 El Zucker
2 El Stärkemehl
1 Ei
1½ dl Rahm

1 Den Zucker mit Wasser und wenig Zitronensaft in einer Pfanne schmelzen, bis der Zucker karamellisiert. 4 dl Milch dazugiessen und aufkochen. 1 dl Milch mit dem Zucker, Stärkemehl und Ei vermischen und unter Rühren zur Karamellmilch geben. Unter ständigem Rühren bis kurz vors Kochen bringen. Die Pfanne von der Platte nehmen und 1 Minute weiterrühren.

2 Crème durch ein Sieb giessen und auskühlen lassen, dabei von Zeit zu Zeit umrühren.

3 Rahm steif schlagen, davon zwei Drittel unter die Crème heben.

4 Gebrannte Crème in kleinen Schüsseln anrichten und mit dem restlichen Rahm garnieren. Eventuell mit Früchten und Schokoladestücken dekorieren.

Fruchtsalat

Das brauche ich dazu

2 El flüssiger Honig
1 Orange und 1 Zitrone, Saft
Früchte je nach Saison
1 Birne
1 Apfel
1 Banane
blaue und weisse Trauben

Den Honig in einer Schüssel mit dem Orangen- und Zitronensaft vermischen. Birne und Apfel in Stücke, Banane in Scheiben schneiden, Trauben halbieren. Alle Früchte in die Flüssigkeit geben und vorsichtig vermischen. Etwa 1 Stunde ziehen lassen.

Schlüferli

Das brauche ich für 120 Schlüferli

4 Eier
320 g Zucker
150 g Butter
1 El Kirsch
3 dl Rahm
½ Zitrone, Schale
800 g Mehl
1 Pr Salz
1 Kl Vanillezucker
1 Msp Backpulver
Kokosfett oder Öl zum Backen

1 Eier und Zucker cremig rühren. Die weiche Butter, Kirsch, Rahm und die abgeriebene Zitronenschale beifügen. Mehl, Salz, Vanillezucker und Backpulver in die Eiercrème sieben und alles zu einem festen Teig verarbeiten. Eventuell wird dazu etwas mehr Mehl benötigt. Zugedeckt etwa 1 Stunde ruhen lassen.

2 Teig 5 mm dick auswallen. Mit dem Teigrädli in 3 cm breite und 8 cm lange Streifen schneiden. In der Mitte mit einem scharfen Messer einen Einschnitt machen und das eine Teigende durch die Öffnung ziehen.

3 Kokosfett oder Öl in einer Gusseisenpfanne auf etwa 190 Grad erhitzen und die Schlüferli darin goldgelb ausbacken.

Brigitte Enderlin aus Maienfeld GR

Brigitte Enderlin und ihr Mann Martin führen den Weinbaubetrieb in Maienfeld in der vierten Generation. Auf 3,6 Hektaren kultivieren sie fünf verschiedene Rebsorten und produzieren jedes Jahr 25'000 bis 30'000 Liter Wein. Lukas, der ältere Sohn, hat im Januar 2008 den dazugehörenden Landwirtschaftsbetrieb in Pacht übernommen. Andreas, der zweite Sohn, arbeitet auswärts als Landmaschinenmechaniker und hilft bei Bedarf im Betrieb mit.

Brigitte ist eine begeisterte Köchin und liebt die Abwechslung in der Küche. Es macht ihr grosse Freude, wenn sie ihrer Familie jeden Tag etwas Gutes auf den Tisch stellen kann.

Bei den zahlreichen Degustationen auf dem Weingut hat sie ebenfalls die Möglichkeit, ihre ausgezeichneten Kochkünste den Gästen zu präsentieren.

«Oft ist die schönste Nebensache im Alltag einer Landfrau das Kochen einer vielseitigen, gesunden, währschaften, regionalen und saisonalen Mahlzeit. Der Küchentisch als Drehscheibe des Familienlebens hat in unserem Haus einen hohen Stellenwert. Da jedes von uns einen eigenen Arbeitsbereich betreut, bietet der Mittagstisch Gelegenheit, sich über anfallende Arbeiten auszutauschen und diese zu organisieren. Hier berichten wir über unsere Erlebnisse, gehörte Geschichten, Klatsch und Tratsch, sei es bei einer Tasse Kaffee oder einem Gläschen Wein.»

Maienfeld gehört zur Bündner Herrschaft, die das Gebiet von Fläsch, Maienfeld, Jenins und Malans umfasst. 1803 kam die Herrschaft vollberechtigt zum Kanton Graubünden. Im historischen Städtchen leben heute etwa 2500 Einwohnerinnen und Einwohner. Viele davon arbeiten wie Brigitte und Martin Enderlin im Weinbau. Bekannt ist Maienfeld unter anderem durch den Wein. Nebst Blauburgunder als Hauptsorte werden die verschiedensten Spezialitäten angebaut. Daneben sind auch die internationalen Pferdesporttage von Maienfeld ein Begriff, die jeweils im Oktober auf dem Rennplatz Rossried stattfinden. Einzigartig dabei, dass unter dem Jahr Kühe und Pferde der Maienfelder Landwirte auf dem Gelände weiden. Vor dem Anlass wird dann das Rossried für die Rennen umgestaltet. Und schliesslich ist Maienfeld mit der weltberühmten Heidi-Geschichte von Johanna Spyri eng verbunden und pflegt das Andenken an die Dichterin nicht nur mit dem Heidibrunnen in St. Luzisteig.

108 Hektaren sind in Maienfeld mit Reben bepflanzt, was in etwa einem Viertel der gesamten Bündner Rebfläche entspricht. Die spezielle klimatische Lage mit viel Sonne und Föhn und der kalkreiche, durchlässige Boden sind ideale Bedingungen für den Weinbau in dieser Gegend.

Brigitte Enderlin, Maienfeld

Maienfelder Rieslingsschaumsuppe

Das brauche ich für 4 Personen

1 El Zwiebel, fein gehackt
1 El Butter
3 dl Maienfelder Riesling
3 dl Bouillon
3 dl Halbrahm
1 Lorbeerblatt
1 Pr Kümmel
1 El Stärkemehl
Salz
Pfeffer
etwas Petersilie, zum Garnieren

1 Gehackte Zwiebel in der heissen Butter glasig dünsten. Mit Weisswein ablöschen, mit Bouillon und Halbrahm auffüllen und aufkochen. Lorbeerblatt und Kümmel dazugeben.

2 Stärkemehl in etwas Weisswein auflösen und die Suppe damit binden. Mit dem Stabmixer gut pürieren und mit Salz und Pfeffer abschmecken.

3 In Teller oder Tassen geben und mit etwas Petersilie garnieren.

Pizokel

Das brauche ich für 4 Personen

300 g Mehl
1 Kl Salz
3–4 Eier
1½ dl Wasser

1 El Salz
etwas Butter

1 Mehl und Salz in eine Schüssel geben und eine Vertiefung formen. Die Eier mit dem Wasser gut verquirlen, in die Mulde geben und mit einer Kelle zu einem Teig rühren. Den Teig solange klopfen, bis er Blasen wirft und in Fetzen von der Kelle reisst.

2 Gut 2 Liter Wasser mit 1 Esslöffel Salz aufkochen. Den Teig portionsweise auf ein bemehltes Blech streichen und mit einem kleinen, scharfen Messer Streifen in das kochende Wasser schaben. Etwa 10 Minuten ziehen lassen.

3 Wenn die Pizokel oben aufschwimmen, abschöpfen, abtropfen lassen und in eine gewärmte Schüssel geben. Etwas Butter darüber verteilen und servieren.

Entrecôte mit Kräuterrahmsauce

Das brauche ich für 4 Personen

2 Entrecôtes, je 300 g
Salz
Pfeffer aus der Mühle
1 El Bratbutter

Kräuterbutter
150 g gesalzene Butter, weich
1 Büschel Petersilie
je ½ Kl gehackter, frischer Thymian, Majoran, Basilikum, Salbei, Liebstöckel, Rosmarin
1 Knoblauchzehe, gepresst
1 Kl scharfer Senf
¾ Kl milder Curry
½ Zitrone, Schale
1 Kl Zitronensaft
½ Kl Worcestersauce
1 Kl Cognac
½ dl Rahm

1 Den Ofen auf 80 Grad vorheizen und eine Platte darin wärmen.

2 Entrecôtes mit Salz und Pfeffer auf beiden Seiten würzen. In der heissen Bratbutter auf beiden Seiten je nach Dicke der Fleischstücke 2½ bis 3 Minuten kräftig anbraten. Sofort auf die vorgewärmte Platte geben und im Ofen bei 80 Grad 1 Stunde (saignant, blutig) oder 1½ Stunden (à point, rosa) garen.

3 Für die Kräuterbutter die weiche Butter so lange mit einem Kochlöffel kräftig rühren, bis sich kleine Spitzen bilden. Alle fein gehackten Kräuter zur Butter geben. Die gepresste Knoblauchzehe, Senf, Curry, abgeriebene Zitronenschale und -saft, Worcestersauce und Cognac mit der Butter vermengen. Mit Salz und Pfeffer abschmecken.

4 Unmittelbar vor dem Servieren die Kräuterbutter in eine Bratpfanne geben und aufschäumen lassen. Den Rahm dazurühren.

5 Die Entrecôtes quer zur Fleischfaser in Scheiben schneiden, auf einer heissen Platte anrichten und mit der Buttersauce übergiessen. Dazu Pizokel servieren.

Brigitte Enderlin, Maienfeld

Rotweinzwetschgen

Das brauche ich dazu

2½ kg Zwetschgen
1½ kg Zucker
6½ dl Rotwein
1 dl Rotweinessig
5 Nelken
1 Zimtstange

1 Die Zwetschgen waschen, halbieren und entsteinen. In eine grosse Schüssel geben.

2 Den Zucker mit dem Rotwein, Essig, Nelken und der Zimtstange aufkochen, danach über die Zwetschgen giessen. Zugedeckt 24 Stunden bei Zimmertemperatur stehen lassen.

3 Am nächsten Tag die Flüssigkeit abgiessen und nochmals aufkochen. Wieder über die Zwetschgen giessen und weitere 24 Stunden stehen lassen.

4 Danach alles in einer grossen Pfanne aufkochen und die Zwetschgen weichkochen. Heiss in gut verschliessbare Gläser füllen.

Rotweinzwetschgen sind mindestens ein Jahr haltbar.

Zimtglace

Das brauche ich dazu

2 Eier
8 El Zucker
1 El Zimt
2 Eiweiss
4 dl Rahm

1 Die 2 ganzen Eier mit 6 El Zucker und dem Zimt schaumig rühren.

2 Die 2 Eiweiss in einer sauberen Schüssel steif schlagen, 2 El Zucker dazugeben und weiterschlagen, bis die Masse glänzt.

3 Den Rahm steif schlagen und zusammen mit dem Eischnee sorgfältig unter die Eimasse heben.

4 In eine mit Frischhaltefolie ausgelegte Cakeform füllen und mindestens 2 bis 3 Stunden in den Tiefkühler stellen.

5 Zimtglace aus der Form stürzen, in Scheiben schneiden und auf Dessertteller verteilen. Mit den Rotweinzwetschgen garniert servieren.

Pia Jungo aus Schmitten FR

Im deutschsprachigen Sensebezirk des Kantons Freiburg, in Schmitten wohnt Pia Jungo zusammen mit ihrem Mann Thomas und Sohn Lukas. Der Bauernhof liegt rund einen Kilometer ausserhalb des Dorfzentrums. Auf 16 Hektaren bewirtschaften sie ihren Ackerbau- und Schweinemastbetrieb.

Traditionen sind der gelernten Bäuerin Pia Jungo wichtig. So ist sie seit 20 Jahren Mitglied der Trachtengruppe Tafers. Das Tragen der Sensler Tracht ist für die ehemalige Krankenschwester ebenso eine Selbstverständlichkeit wie das Weiterführen diverser regionaler Bräuche. Dazu gehören zum Beispiel auch typische Ess- und Trinkbräuche. So kocht Pia Jungo unter anderem jährlich das mehrgängige Chilbimenü. Es erinnert an jene Zeiten, in welcher sich, nach eingebrachter Ernte, Bauern und Knechte gemeinsam am Tisch satt essen konnten.

Schmitten befindet sich nur neun Kilometer nord-östlich der Kantonshauptstadt Freiburg. Rund 3600 Personen leben in der Gemeinde. Sie unterstand im Mittelalter den Grafen von Thierstein und gelangte im 15. Jahrhundert unter die Herrschaft von Freiburg. Nach dem Zusammenbruch des Ancien régime (1798) gehörte Schmitten während der Helvetik und der darauf folgenden Zeit zum Distrikt Freiburg und ab 1831 zum deutschen Bezirk

Freiburg, bevor es 1848 mit der neuen Kantonsverfassung in den Sensebezirk eingegliedert wurde.

Sowohl kirchlich als auch politisch gehörte Schmitten stets zu Düdingen. Jedoch gab es schon immer Bestrebungen, eine politisch selbstständige Gemeinde zu werden. 1922 sprach sich der Freiburger Grosse Rat, gegen den Willen des Düdinger Gemeinderates, für die Selbstständigkeit aus.

Der Sensebezirk ist einer von sieben Bezirken des Kantons Freiburg. Er liegt im Nordwesten des Kantons, gehört jedoch bereits zur Westschweiz. Die Fläche reicht von den Voralpen (höchster Punkt Schafberg, 2234 Meter) bis tief ins schweizerische Mittelland hinein. Speziell das Senseoberland ist ein beliebtes und viel besuchtes Naherholungsgebiet. Die reizvolle Landschaft mit seinem touristischen Diamanten, dem Schwarzsee, ist ein idealer Ausgangspunkt für grosse und kleine Wanderungen.

Seinen Namen hat der Bezirk von der Sense erhalten, dem im Schwarzsee (warme Sense) beziehungsweise im Gantrischgebiet (kalte Sense) entspringenden Fluss. Er bildet auf rund 35 Kilometern Länge die Grenze zum Kanton Bern. Als Geheimtipp gilt die Salzmatt auf 1637 Meter über Meer. Ein abgelegenes Tal, in das Pia und Thomas Jungo jeweils ihre Rinder zum Sommern bringen.

Kabissuppe

Das brauche ich für 6 Personen

1 Stück Siedfleisch
Suppengarnitur (Rüebli, Sellerie, Lauch, besteckte Zwiebel, Maggikraut, Petersilie)
1 Kabis, in Streifen geschnitten
Salz
Pfeffer
Bouillonpulver
Cayennepfeffer
Muskat

Petersilie
Maggikraut
Schnittlauch
geröstete Brotwürfel

1 2 Liter Wasser aufkochen, Siedfleisch und Suppengarnitur beigeben und mit Salz und Pfeffer würzen. Siedfleisch 2 bis 3 Stunden bei mittlerer Hitze kochen lassen. Kabis zufügen und 1 weitere Stunde köcheln lassen.

2 Siedfleisch, Suppengarnitur und den grössten Teil vom Kabis aus der Pfanne nehmen. Suppe mit Bouillon, Salz, Pfeffer, Cayennepfeffer und Muskat abschmecken.

3 Kabissuppe in Tellern anrichten, mit den gehackten Kräutern und den gerösteten Brotwürfeln garnieren.

Cuchaule – Freiburger Safranbrot

Das brauche ich für 2 Brote

1 kg Weissmehl
100 g Zucker
1 El Salz
2 Msp Safran
80 g Butter
20 g Hefe
6 dl Milch
1 Eigelb

1 Weissmehl, Zucker, Salz und Safran in eine Schüssel geben und mischen. Die weiche Butter zufügen. Hefe in der Milch auflösen, beigeben und alles zu einem glatten Teig kneten. Zugedeckt an einem warmen Ort um das Doppelte aufgehen lassen.

2 Aus dem Teig zwei runde Laibe formen, gitterartig einschneiden und zweimal mit verquirltem Eigelb bestreichen.

3 Brote etwa 40 Minuten in der Mitte des auf 200 Grad vorgeheizten Ofens backen.

La Cuchaule wird traditionell mit «Moutarde de Bénichon», mit Chilbisenf serviert. Dieser Chilbisenf wird aus Birnendicksaft und verschiedenen Gewürzen hergestellt. Unter anderem sind Senfkörner, Gewürznelken, Sternanis und Zimt enthalten.

Lammgigot

Das brauche ich für 6 Personen

etwa 1,8 kg Lammgigot
ohne Schlossbein

Marinade
1 Kl Salz
etwa ½ Kl Pfeffer
1 Kl Fleischgewürz
einige Spritzer Tabasco
1 El Worcestersauce
4 Knoblauchzehen, gepresst
etwas Rosmarin und Salbei,
fein geschnitten
4–5 El Sonnenblumenöl

Sauce
3 dl Weisswein
3 dl Fleischbouillon
1 El Bratensaucenpulver
2 ganze Knoblauchzehen
1 Rosmarinzweig
einige Salbeiblätter

1 Für die Marinade Salz, Pfeffer, Fleischgewürz, Tabasco, Worcestersauce, Knoblauch, Rosmarin, Salbei und Öl miteinander verrühren. Das Fleisch grosszügig damit bestreichen, in eine Schüssel legen und zugedeckt über Nacht marinieren lassen.

2 Fleisch in einen Bräter legen und im auf 240 Grad vorgeheizten Ofen rundum 10 bis 15 Minuten anbraten. Hitze auf 190 Grad reduzieren.

3 Für die Sauce Weisswein, Bouillon und Bratensaucenpulver vermischen und über das Fleisch giessen. Knoblauchzehen, Rosmarinzweig und Salbeiblätter beigeben. Zugedeckt bei 190 Grad etwa 1½ Stunden garen lassen.

Tipp
Das Fleisch bereits am Vortag zubereiten, auskühlen lassen, in Tranchen schneiden und dann zusammen mit der Sauce in einer Bratform im Backofen wärmen. Der Braten bekommt durch das Aufwärmen einen intensiveren Geschmack.

Zum Lammgigot Rahmkartoffeln oder Kartoffelstock und Büschelibirnen servieren.

Rahmkartoffeln

Das brauche ich für 6 Personen

8–12 mittelgrosse, festkochende
Kartoffeln
verschiedene Kräuter (Thymian,
Majoran, Rosmarin und Salbei)
3 dl kräftige Gemüsebouillon
4 dl Rahm
Kräutersalz
Pfeffer

1 Kartoffeln schälen, fächerartig einschneiden (jedoch nicht durchschneiden) und in eine Gratinform geben. Kräuter fein hacken und mit Bouillon und Rahm vermischen, mit Kräutersalz und Pfeffer würzen und über die Kartoffeln giessen.

2 In der Mitte des auf 200 Grad vorgeheizten Ofens 45 Minuten zugedeckt garen, danach 30 Minuten aufgedeckt bei 190 Grad gratinieren.

Büschelibirnen

Das brauche ich dazu

5 El Zucker
3 dl Wasser
1 kg Büschelibirnen

1 Zucker in einer Pfanne karamellisieren. Mit Wasser ablöschen und zu einem Sirup einköcheln lassen.

2 Von den Birnen den Blütenansatz entfernen, jedoch den Stiel und das Kerngehäuse belassen.

3 Büschelibirnen im Sirup 1 Stunde zugedeckt köcheln lassen.

4 Noch heiss in Gläser mit Schliessbügel füllen.

Die Büschelibirne ist eine süsse kleine Birne. So genannt wird sie, weil aus einer Knospe gleich ein Büschel von drei bis fünf Birnen wächst. Die Bezeichnung als solche ist sogar gesetzlich geschützt. Bekannt ist die Büschelibirne – oder auch Poire-à-Botzi – im Kanton Freiburg und in den drei angrenzenden Bezirken des Kantons Waadt seit dem Jahre 1770. Serviert wird sie traditionellerweise an der Chilbi zu Schafbraten oder als Spezialität zu Wild.

Sommerfruchtsalat

Das brauche ich dazu

100 g Zucker
1 Zitrone, Saft
1 Melone
1 kg Nektarinen
Johannisbeeren
Pfefferminz- und Zitronenmelisseblätter
Himbeeren

Meringues
Rahm
Goldmelisseblüten

1 2 Deziliter Wasser und Zucker aufkochen, auskühlen lassen und den Zitronensaft beigeben.

2 Die Melone halbieren und kleine Kugeln ausstechen oder das Fruchtfleisch in Würfel schneiden. Nektarinen in feine Schnitze schneiden.

3 Melone, Nektarinen, Johannisbeeren, Pfefferminz- und Zitronenmelisseblätter zum Zuckersirup geben. Zugedeckt an einem kühlen Ort etwa 2 Stunden ziehen lassen.

4 Kurz vor dem Anrichten die Himbeeren beigeben. Mit Meringues und geschlagenem Rahm anrichten und mit den Goldmelisseblüten dekorieren.

44er Likör

Das brauche ich für 1 Liter Likör

1 l Bätzi (Apfelbrand)
44 Kaffeebohnen
44 Würfelzucker
1 Orange, spiralförmig eingeschnitten

1 Alle Zutaten in einen grossen Krug füllen, gut verschliessen und 44 Tage stehen lassen. Von Zeit zu Zeit umrühren.

2 Nach 44 Tagen den Likör durch einen Filter passieren und in gut verschliessbare Flaschen füllen.

Sensler Chüubi Bräzzeli

Das brauche ich für 160 Bräzzeli

2 l Rahm
80 g Butter, geschmolzen
2 El Salz
3 El Zucker
1½ kg Mehl

1 Rahm, Butter, Salz und Zucker verrühren, das Mehl darunterziehen und alles zu einem geschmeidigen Teig kneten. In Portionen von etwa 300 g teilen, in Folie einpacken und über Nacht in den Kühlschrank legen.

2 Aus dem Teig etwa 5 mm dicke «Tradle» (Rollen) formen oder den Teig etwa 5 mm dick auswallen, in 5 bis 7 mm breite und 30 cm lange Streifen schneiden. Daraus langgestreckte Ovale formen. Zwei «Tradle» über Kreuz (es sollten dabei fünf Löcher entstehen) auf das Bretzeleisen legen und backen.

Im Sensebezirk werden dazu die speziellen, traditionellen Bretzeleisen mit einer besonderen Prägung benutzt. Gebacken wird heute meistens auf einem Gasrechaud. Früher geschah dies am offenen Feuer im Ofenhaus.

Süsse gerollte Bräzzeli

Das brauche ich für 50 Bräzzeli

5 dl Rahm
5 dl Weisswein
½ Glas Kirsch
200 g Zucker
300 g Mehl

1 Rahm, Weisswein, Kirsch, Zucker und Mehl zu einem glatten Teig verarbeiten. Über Nacht zugedeckt an einem kühlen Ort ruhen lassen.

2 Einen Löffel Teig in die Mitte des heissen Bretzeleisens geben, backen und noch auf dem Eisen mit Hilfe eines Messers auf einen Kochlöffelstiel wickeln und abstreifen. Auskühlen lassen.

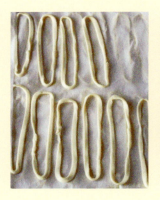   

Agnes Koch aus Gonten AI

Die Appenzellerin Agnes Koch lebt zusammen mit ihrem Mann Franz und ihren sechs Kindern Franz, Aurelia, Erika, Katja, Nadja und Gabriela auf dem Hof Rüti in Gonten. Seit 1858 ist der 11 Hektaren grosse Hof im Besitz der Familie. 18 Kühe und 20 Mutterschweine mit ihren Ferkeln sowie einige Schafe wollen täglich betreut sein. Im Sommer schauen sie noch zur Alp Ochsenhöhe, wo mehr als 60 Tiere untergebracht sind. Zudem arbeitet Franz Koch als Maurer. Ein grosses Arbeitspensum, das Agnes in allen Teilen als gelernte Bäuerin unterstützt.

Das Kochen hat sie bei ihrer Mutter gelernt, ebenso wie ihre Liebe zur Familie, zu den Tieren und der Natur. Das Appenzellerland ist ihre Heimat, und sie hat sofort Heimweh, sieht sie einmal «ihren» Säntis oder Kronberg nicht.

Die ganze Familie ist dem Appenzeller Brauchtum sehr verbunden. Franz jodelt im bekannten Gontener «Chrobergchörli», und Agnes pflegt zusammen mit ihren Kindern die Appenzellermusik. Daneben betreut sie noch das «Goofechörli», und es ist Ehrensache für die Kinder, dass sie auch dort mitsingen.

«Ich koche sehr gerne. Klar, für eine achtköpfige Familie zu kochen kann auch anstrengend sein. Die Kinder lieben nicht jede Mahlzeit gleich, da braucht es auch Fantasie, sie davon zu überzeugen, dass es schmeckt. Aber zu einem guten Essen braucht es auch eine gesunde Familienstruktur. Was nützt es einem, wenn man ein super gutes und gesundes Menü kocht und um zwölf Uhr zu essen beginnt, wenn alle zehn Minuten jemand hinzukommt? Dann ist es beim Letzten kalt, und die Ersten sind fertig mit Essen, lesen Zeitung, gucken vielleicht sogar fern … – und niemand redet! Zu einem guten Essen gehört ein gutes Gespräch, bei dem auch die Kinder mitreden dürfen. Bei uns geht es manchmal recht laut, aber auch lustig zu und her.»

Das schmucke Innerrhoder Dorf Gonten liegt nur einen Steinwurf vom Hauptort Appenzell entfernt, eingebettet in die liebliche Landschaft des Appenzellerlandes. Die Gemeinde ist kontinuierlich gewachsen und zählt heute über 1400 Einwohnerinnen und Einwohner. Die meisten von ihnen arbeiten in der Landwirtschaft. Allerdings hat sich die Zahl der Bauern stark verringert. Basis ist bis heute die Spezialisierung auf Gras- und Milchwirtschaft sowie auf die Schweinezucht. Die Landwirte haben sich in den letzten 30 Jahren durch gute Bodenpflege sowie Mechanisierung und Intensivierung den neuen Entwicklungen angepasst.

Bekannt ist Gonten bei Ausflüglern und Wanderern. Hausberg ist der 1663 Meter hohe Kronberg, welcher durch eine Luftseilbahn erschlossen ist und viele Wandermöglichkeiten bietet. Beliebt ist auch der Barfussweg. Ohne Schuhe wandert man von Jakobsbad nach Gontenbad und durchquert so das bekannte Gontner Hochmoor.

Appezöller Chäsmagerone

Das brauche ich für 4 Personen

250 g Hörnli
180 g Kartoffeln, geschält und in Würfel geschnitten
etwa 150 g Käse
(davon 100 g fetter Appenzeller und 50 g rässer Käse)
etwas Butter
1 Zwiebel, in feine Ringe geschnitten

Apfelmus als Beilage

1 Die Hörnli zusammen mit den Kartoffeln in Salzwasser weichkochen, absieben und abtropfen lassen.

2 Den Käse an der Käseraffel reiben.

3 Die Butter in einer Bratpfanne schmelzen und die Zwiebelringe darin dünsten.

4 Hörnli, Kartoffeln und Käse lagenweise in eine ofenfeste Form füllen, mit Kartoffeln abschliessen und die gedünsteten Zwiebelringe darauf verteilen.

5 Für einige Minuten in den auf 220 Grad vorgeheizten Ofen geben, bis der Käse geschmolzen ist.

Appezöller Chäsmagerone werden nach alter Tradition mit Apfelmus serviert.

Appezöller Filet

Das brauche ich für 6 Personen

2–3 kleine Rüebli
3 Blatt Selleriekraut
wenig Bratbutter
1 grosses Schweinsfilet
(vom Metzger zum Füllen
aufschneiden lassen)
100 g Appenzeller Mostbröckli,
dünn geschnitten
50 g fetter Appenzellerkäse,
in dünne Streifen geschnitten
Salz
Pfeffer
1 dl Weisswein
180 g saurer Halbrahm

1 Die Rüebli schälen und in feine Streifen schneiden. Das Selleriekraut fein hacken und zusammen mit den Rüebli bei kleiner Hitze in etwas Butter andämpfen. Auskühlen lassen.

2 Das Filet aufklappen und die Mostbröcklischeiben fächerartig in die Vertiefung legen (verhindert das Auslaufen vom Käse). Filet je mit einer Lage Gemüse, Käse und wieder mit Gemüse füllen. Die überlappenden Mostbröcklischeiben zum Schluss übereinanderschlagen.

3 Das gefüllte Filet mit einer Schnur zusammenbinden oder mit Zahnstochern feststecken.

4 Das Filet in einer Bratpfanne rundum gut anbraten, wenig würzen und in einen vorgewärmten Bräter geben.

5 Den Bratfond mit Weisswein ablöschen und über das Fleisch giessen. Das Filet grosszügig mit dem Halbrahm bestreichen und in der Mitte des auf 180 Grad vorgeheizten Ofens 20 Minuten garen.

6 Vor dem Anrichten etwas ruhen lassen, dann in Scheiben schneiden.

Appezöller Tiramisu

Das brauche ich für 6 Personen

3 Eier
100 g Zucker
1 Kl Biberfladen- oder Lebkuchengewürz
1 Kl Zimt
1 El Rahmlikör
250 g Rahmquark
250 g Vollrahm-Jogurt nature oder Mascarpone

1 dl Rahmlikör
1 dl starker Kaffee
1 grosser Appenzeller Biberfladen oder 5–6 kleine Biberli
etwas Schokoladenpulver, zum Bestreuen

1 Die Eier mit dem Zucker schaumig rühren, bis die Masse hell ist. Biberfladengewürz, Zimt und Rahmlikör unter die Masse ziehen.

2 Quark und Jogurt abtropfen lassen, mit dem Schwingbesen gut vermischen und vorsichtig unter die Eicrème ziehen.

3 Den Rahmlikör mit dem Kaffee vermischen.

4 Den Boden einer Gratinform oder von 6 bis 7 kleinen Förmchen mit Biberfladen belegen und mit der Likör-Kaffee-Mischung tränken. Die Quarkmasse darauf verteilen und mindestens 3 Stunden kalt stellen.

5 Zum Servieren mit Schokoladenpulver bestreuen und portionsweise aus der Gratinform stechen.

Tipp
Statt Rahmlikör kann auch Baileys-Likör verwendet werden – es ist dann weniger Appenzellerisch.

Appenzeller Zimtfladen

Das brauche ich für ein Kuchenblech von 26 cm Durchmesser

250 g Blätterteig
200 g Mehl
250 g Zucker
2 El Zimt
2 El Kakaopulver
1 El Backpulver
1 Pr Salz
2 Eier
5 dl Rahm
1 Kl abgeriebene Zitronenschale

1 Blätterteig auswallen und auf ein mit Backtrennpapier ausgelegtes Kuchenblech geben. Einen Rand hochziehen und den Teig mehrmals mit einer Gabel einstechen.

2 Mehl, Zucker, Zimt, Kakaopulver, Backpulver und Salz gut miteinander vermischen.

3 Eier, Rahm und die abgeriebene Zitronenschale verrühren und unter das Mehlgemisch rühren.

4 Die Masse gleichmässig auf dem Blätterteig verteilen und im auf 180 Grad vorgeheizten Ofen etwa 40 Minuten backen.

Therese Bähler aus St-Ursanne JU

Therese Bähler kam vor 25 Jahren aus dem Kanton Bern in den Jura. Seit ihrer Heirat 1983 bewirtschaftet sie zusammen mit ihrem Mann Dani den Hof Outremont oberhalb von St-Ursanne. Ihr Sohn Luc hat den Bauernberuf erlernt und arbeitet als Angestellter auf dem Hof. Mara, ihre Tochter, absolviert in Pruntrut die Ausbildung zur Primarlehrerin. Der älteste Sohn, Guy, studiert in Luzern Informatik. Mit zur Familie gehört der Border Collie Pipo. Er hilft Dani, das Vieh von den weit abgelegenen Weiden einzutreiben. Aus der Milch dieser Kühe wird Greyerzerkäse gemacht.

Therese fühlt sich im Jura zu Hause. Sie hat die kulinarischen Eigenheiten der Region in ihren Alltag aufgenommen, sei es das «Fast Food nach Bure Art» wie sie Tête de Moine-Blätterteigtaschen liebevoll nennt oder das Lieblingsessen der Familie, Saucisses d'Ajoie mit Gratin.

Therese Bähler berichtet über ihren Finaltag, als die sechs Bäuerinnen sie in St-Ursanne besuchten: «Der Wetterbericht war gar nicht gut, sie meldeten Dauerregen. An diesem Tag fiel rund 70 Liter Regen pro Quadratmeter. Ich hatte eigentlich vorgesehen, mit den Landfrauen im Kanu auf dem Doubs zu fahren. Aber der Plan fiel buchstäblich ins Wasser. Stattdessen gab es eine Stadtführung, und der Apéro, der auf der alten Brücke in

St-Ursanne geplant war, fand im Atelier von Marc Cretton inmitten seiner wunderschönen Landschaftsbilder statt. Später kamen die Frauen auf den Hof. Eine Hofbesichtigung war vorgesehen, aber auch hier war das Wetter dagegen! So konnte ich ihnen nicht unsere schöne Juralandschaft zeigen.»

Das mittelalterliche Städtchen St-Ursanne liegt im Herzen des Juras am Ufer des Doubs. Nach Delémont und Porrentruy ist St-Ursanne der dritte historische Ort im Kanton Jura. Man nennt ihn nicht umsonst «Perle des Juras». Verwinkelte, romantische Gässchen mit den schönen Häuserfassaden aus dem 14. bis 16. Jahrhundert, die Stiftskirche, eine romanische Pfeilerbasilika mit einer Krypta unter dem Chor und Strässchen mit Kopfsteinpflaster prägen das Zentrum. Nur etwa 800 Einwohnerinnen und Einwohner leben hier.

Durch drei Stadttore gelangt man in den Ort: Am Osteingang steht die Porte Saint-Pierre mit einem Glockentürmchen von 1665, der Westeingang wird von der 1664 neu errichteten Porte Saint-Paul (auch Porte de Porrentruy) kontrolliert, und im Süden gelangt man durch die Porte Saint-Jean direkt auf die vierbogige Steinbrücke über den Doubs, die 1728 erbaut wurde. Die Brücke ziert die aus Buntsandstein gefertigte Statue des Heiligen Johannes von Nepomuk, dem Schutzpatron der Brücken.

Auf dem exponierten Felsen nördlich der Stadt stehen die Ruinen der ehemaligen Burg. An den Felshang ist die Kapelle der Ermitage St-Ursanne angebaut.

Der Clos-du-Doubs – das Doubs-Tal – ist äusserst beliebt als Wandergebiet. Liebliche Ausblicke an lauschigen Plätzchen laden entlang des Flusses die Wanderer zum Verweilen ein.

Toétché (Sauerrahmkuchen)

Das brauche ich für einen Kuchen

300 g Mehl
½ Kl Salz
10 g Hefe
etwa 2 dl lauwarme Milch
30 g Butter
1 Eigelb, zum Bestreichen

Guss
2 dl Sauerrahm
½ dl Doppelrahm
½ Kl Salz
1 Eigelb

1 Das Mehl mit dem Salz in eine Schüssel geben und eine Vertiefung bilden. Die Hefe in der lauwarmen Milch auflösen, weiche Butter in kleine Stücke schneiden. Flüssigkeit und Butter in die Mulde geben und alles zu einem glatten Teig kneten. An einem warmen Ort zugedeckt etwa 1 Stunde gehen lassen.

2 Den Teig auf einem gefetteten Kuchenblech (26 cm Durchmesser) von Hand sorgfältig ausziehen, einen Rand hochziehen und zugedeckt 15 Minuten gehen lassen.

3 Den Teigboden mit einer Gabel mehrmals einstechen und den Teigrand mit verquirlten Eigelb bestreichen.

4 Für den Guss den Sauerrahm, Doppelrahm, Salz und verklopftes Eigelb vermischen, auf dem Teig verteilen.

5 In der Mitte des auf 220 Grad vorgeheizten Ofens 20 bis 22 Minuten backen. Kalt oder lauwarm servieren.

Für die süsse Variante brauche ich

4 dl Rahm oder Doppelrahm
2 El Mehl
120 g Zucker
ein wenig Zimt

1 Teigboden wie oben beschrieben zubereiten.

2 Für den Guss Rahm, Mehl, Zucker und nach Belieben etwas Zimt gut vermischen und auf dem Teigboden verteilen.

3 In der Mitte des auf 220 Grad vorgeheizten Ofens 20 bis 22 Minuten backen. Kalt servieren.

Therese Bähler, St-Ursanne

Kalbsröllchen mit Peperoni

Das brauche ich für 4 Personen

je 1 rote, grüne und gelbe Peperoni
1 mittelgrosse Zwiebel
2 Knoblauchzehen
25 g Butter
Salz
Pfeffer aus der Mühle
8 grosse, möglichst dünn geschnittene Kalbsschnitzel
etwas edelsüsser Paprika
8 Scheiben Schinken, dünn geschnitten
1 El Bratbutter
1 dl Weisswein
1 dl Rahm

1 Die Peperoni halbieren, entkernen und in feine Würfel schneiden.

2 Den Backofen auf 75 Grad vorheizen und eine Platte darin erwärmen.

3 Zwiebel und Knoblauch fein hacken und in der heissen Butter glasig dünsten. Die Peperoniwürfel beifügen, mit Salz und Pfeffer würzen und unter häufigem Wenden 5 Minuten dünsten. Beiseite stellen.

4 Die Kalbsschnitzel auslegen, wenn nötig etwas dünner klopfen und beidseitig mit Salz, Pfeffer und Paprika bestreuen. Mit je einer Scheibe Schinken belegen, einige Peperoniwürfel darauf verteilen und die Schnitzel satt aufrollen. Mit Zahnstochern verschliessen.

5 Die Kalbsröllchen portionsweise je 1 Minute in der heissen Bratbutter rundum anbraten. Auf die vorgewärmte Platte geben und bei 75 Grad etwa 45 Minuten im Ofen garen lassen.

6 Den Bratensatz mit dem Weisswein ablöschen und auf etwa ein Viertel einkochen lassen. Die restlichen Peperoniwürfel sowie den Rahm beifügen. Mit Salz und Pfeffer würzen.

7 Die Sauce über die Kalbsröllchen giessen und zusammen mit den panierten Zucchetti, Reis oder Teigwaren servieren.

Panierte Zucchetti

Das brauche ich für 4 Personen

1 mittelgrosse Zucchetti
1 Ei, verquirlt
Kräutersalz
Paniermehl
Kochbutter, zum Ausbacken

1 Die Zucchetti in etwa 3 mm dicke Scheiben schneiden. Das verquirlte Ei mit dem Kräutersalz würzen. Die Zucchettischeiben erst im Ei, danach im Paniermehl wenden.

2 Butter in einer Bratpfanne erhitzen und die Zucchettischeiben darin goldbraun ausbacken.

Therese Bähler, St-Ursanne

Kartoffelgratin

Das brauche ich für 4 Personen

1 Zwiebel, gehackt
1 Knoblauchzehe, gehackt
1 El Öl
3½ dl Milch
1½ dl Rahm
1,2 kg mehligkochende Kartoffeln, geschält und in 1 mm dünne Scheiben geschnitten
Salz
Pfeffer
Muskat
Streuwürze
Fleischbouillonpulver
etwa 2 dl Rahm

1 Zwiebel und Knoblauch in heissem Öl andämpfen. Die Milch und den Rahm beifügen und alles erwärmen. Die Kartoffeln dazugeben und mit Salz, Pfeffer, Muskat, Streuwürze und Fleischbouillon würzen. Alles zusammen bei kleiner Hitze 2 bis 3 Minuten köcheln lassen, zwischendurch gut umrühren, damit die Kartoffeln nicht am Pfannenboden ankleben.

2 Die Kartoffeln samt Flüssigkeit in eine Gratinform geben und im auf 180 Grad vorgeheizten Ofen etwa 30 Minuten backen.

3 1 bis 2 dl Rahm über die Kartoffeln giessen und nochmals 20 Minuten gratinieren.

Honigglace mit marinierten Brombeeren

Das brauche ich dazu

2 Eier
2 Eigelb
150 g Honig, z. B. Lindenblüten
½ Zitrone, Schale
1 Kl Zitronensaft
1 dl Rahm
1½ dl Doppelrahm

2–3 El Honig
400 g Brombeeren
1 P Vanillezucker
Zucker nach Belieben

1 Eier und die beiden Eigelb schaumig rühren. Den Honig in einem kleinen Topf erwärmen. Die abgeriebene Zitronenschale sowie den Zitronensaft beifügen. Die Honigmasse unter Rühren zur Eimasse geben. Weiterrühren bis die Masse cremig und hell ist.

2 Den Rahm steif schlagen und sorgfältig unter die Honigcrème ziehen. In einen Behälter füllen und etwa 6 Stunden im Tiefkühler fest werden lassen.

3 Für die marinierten Beeren den Honig in einem kleinen Pfännchen erwärmen. Brombeeren, Vanillezucker und Honig vermischen, nach Belieben mit etwas Zucker nachsüssen und 2 bis 3 Stunden stehen lassen.

4 Vor dem Anrichten die Beeren leicht erwärmen, über die Honigglace geben und servieren.

Erika Hubeli aus Habsburg AG

Zusammen mit ihrem Mann Martin bewirtschaftet Erika Hubeli den Lindenhof. Zur Familie gehören die drei Kinder Madeleine, Martina und Lukas sowie die Eltern von Martin, Heidi und Hansrudolf Hubeli. Seit 1998 leben die drei Generationen im neu erbauten Wohnhaus der landwirtschaftlichen Siedlung am Rande von Habsburg.

Martin konnte den Betrieb 1995 von seinen Eltern übernehmen, damals lagen die Stallungen und Gebäude noch an verschiedenen Standorten im Dorf. Ackerbau und Milchwirtschaft werden auf dem mittelgrossen Hof heute betrieben. Im hellen Boxenlaufstall stehen 25 Kühe und 20 Rinder und Kälber.

Die Bauernfamilie hat sich im Laufe der Zeit noch andere Betriebszweige aufgebaut. Erika arbeitet als diplomierte Berner Trachtenschneiderin an den Aufträgen für Änderungen und Neuanfertigungen ihrer Kundinnen. Als Klauenpfleger ist Martin bei seinen Berufskollegen für die Gesundheut vieler Kühe ein gefragter Fachmann.

Die Töchter begleiten die Eltern bei den verschiedenen Aufträgen mit dem Pizza-Service und der Sohn betreut so oft wie möglich den Stall zusammen mit seinem Grossvater.

Einige Dinge werden darum auch mal so ganz nebenbei erledigt. Der Garten, wobei der Gemüseanbau in den Händen von Heidi Hubeli liegt. Die Butterproduktion für den Eigenbedarf, sowie das Brotbacken können als Hobby von Erika angesehen werden. Dazu liefert Martin den Honig aus der eigenen Imkerei und Bienenzucht.

Das kleine Dorf Habsburg hat seinen Namen vom einst mächtigsten europäischen Adelsgeschlecht, den Habsburgern, bekommen. Die um 1020 auf dem Grat des Wülpelsberges über dem Dorf erbaute Habsburg gilt als Stammsitz der Habsburger. Von hier geht der Blick ins Aaretal. Weitere Schlösser wie Brunegg und Wildenstein sind sichtbar.

Vor rund 600 Jahren war praktisch das ganze Gemeindegebiet bewaldet; nur das Schloss ragte aus dem Wald. Nachkommen der in der Burg wohnenden Dienstleute begannen, Waldstücke beim Schloss zu roden und sich niederzulassen. Der Beginn dieser Rodungen, vielleicht um 1500, und damit verbunden die erste Bautätigkeit, liegt im Dunkeln. Im Jahre 1833 wohnten nur vier Einsassenfamilien im Dorf, die aber zusammen 177 Personen zählten. Bis zum Jahr 1960 sank die Einwohnerzahl auf 126 Personen. Ab 1971 setzte dann eine rege Bautätigkeit ein. Die Bevölkerung nahm wieder auf 230 Personen zu. Heute zählt die Gemeinde über 400 Einwohner.

Spinatpizza

Das brauche ich dazu

40 g Blattspinat
200 g Pizzamehl
½ El Salz
15 g Hefe
1–1,2 dl Wasser
3 El Rapsöl

1 Becher Crème fraîche
2 Knoblauchzehen,
fein geschnitten
200 g Mozzarella,
in Würfel geschnitten
Pfeffer aus der Mühle

1 Blattspinat überbrühen, gut ausdrücken und fein schneiden

2 Mehl und Salz in eine Schüssel geben und eine Vertiefung bilden. Hefe in lauwarmem Wasser auflösen und zusammen mit dem Öl in die Mulde giessen. Spinat beigeben und alles zu einem geschmeidigen Teig verarbeiten. Zugedeckt um das Doppelte aufgehen lassen.

3 Den Teig in sechs gleich grosse Portionen teilen, Kugeln formen und nochmals etwas gehen lassen.

4 Die Kugeln flach drücken oder auswallen und auf ein mit Backtrennpapier belegtes Kuchenblech legen.

5 Auf jedes Teigstück 1 El Crème fraîche streichen, etwas Knoblauch darauf verteilen, mit Mozzarella belegen und mit Pfeffer würzen.

6 In der Mitte des auf 230 Grad vorgeheizten Ofens 12 bis 15 Minuten backen.

Tipp
Statt in kleinen Portionen kann man den Teig auch auf einem grossen Backblech auswallen und wie beschrieben belegen. Die Pizza wird so etwas weniger trocken.

Aargauer Zwetschgenbraten

Das brauche ich für 4 Personen

1–1,2 kg Schweinsnierstück
150 g entsteinte, gedörrte Zwetschgen

Marinade
2 El Senf
2 El Honig
Fleichgewürz
Pfeffer aus der Mühle
etwa 1 Kl frischer Rosmarin
etwas Liebstöckel
wenig Thymian

Bratbutter
3 dl Rotwein
Bratensaucenpulver
Bouillon
Pfeffer

1 Das Fleisch mit den Zwetschgen gleichmässig spicken (kann beim Metzger so bestellt werden).

2 Für die Marinade alle Zutaten vermischen und das Fleisch damit bestreichen. In einer gut verschliessbaren Schüssel oder vakuumiert 2 bis 3 Tage im Kühlschrank aufbewahren.

3 Die Marinade vom Fleisch abstreifen, Butter im Bräter erhitzen und das Fleisch rasch rundum anbraten. Mit Rotwein ablöschen, den Rest der Marinade über das Fleisch geben und zugedeckt 70 bis 90 Minuten auf kleiner Stufe auf dem Herd garen.

4 Das Fleisch aus dem Bräter nehmen und warmstellen.

5 Das Bratensaucenpulver in den Bratfond rühren, kurz aufkochen lassen und abschmecken.

6 Den Braten in Tranchen schneiden, auf vorgewärmten Tellern anrichten und mit der Sauce servieren.

Kartoffelsoufflee

Das brauche ich dazu

5 dl Kartoffelstock vom Vortag oder mit etwa 400 g Kartoffeln frisch zubereitet
2 Eigelb
1 El Mehl
¾ dl Milch
etwas geriebene Muskatnuss
etwas Streuwürze
2 Eiweiss, steif geschlagen

1 Kartoffelstock mit Eigelb, Mehl, Milch, etwas Muskatnuss und Streuwürze vermischen, zum Schluss den Eischnee vorsichtig unterziehen. Die Masse – sie sollte nicht zu weich sein – zu drei Viertel in 6 bis 8 gebutterte Auflaufförmchen oder eine grössere Gratinform (etwa 1½ Liter) füllen.

2 In der Mitte des auf 200 Grad vorgeheizten Ofens 20 bis 30 Minuten backen. Den Ofen vor dem Anrichten nicht öffnen, damit das Soufflee nicht zu sehr in sich zusammenfällt.

Erika Hubeli, Habsburg

Ofenchüechli

Das brauche ich dazu

1½ dl Wasser
25 g Butter
1 Pr Salz
100 g Mehl
2–3 Eier
½ Kl Backpulver

Rahm
Zucker nach Belieben

1 Wasser, Butter und Salz in einer Pfanne aufkochen. Das Mehl in einem Sturz beigeben und mit einer Holzkelle rühren, bis sich der Teig zu einem Kloss formt und vom Pfannenboden löst. Die Pfanne vom Herd nehmen und etwas auskühlen lassen. Die Eier nach und nach darunterschlagen, bis der Teig schön glänzt. Zum Schluss das Backpulver unterrühren.

2 Den Teig in einen Spritzsack füllen und Kugeln in der Grösse von Pflaumen auf ein mit Backtrennpapier belegtes Backblech setzen. Etwa 25 Minuten im auf 210 Grad vorgeheizten Ofen backen. Den Ofen während des Backens nicht öffnen!

3 Die Ofenchüechli etwas auskühlen lassen, aufschneiden und mit dem geschlagenen Rahm füllen.

Sorbet

Das brauche ich dazu

Erdbeersorbet
5 dl Erdbeerpüree
5 El Zucker
½ dl Pfefferminzsirup

Himbeersorbet
7 dl Himbeerpüree
200 g Honig

Brombeersorbet
7 dl Brombeerpüree
250 g Zucker

1 Erdbeerpüree mit dem Zucker und Pfefferminzsirup gut verrühren, bis der Zucker aufgelöst ist. In einem geeigneten Behälter für mehrere Stunden in den Tiefkühler stellen und öfter umrühren.

2 Himbeerpüree durch ein Sieb streichen, mit dem Honig gut vermischen und in einem geeigneten Behälter für mehrere Stunden in den Tiefkühler stellen und öfter umrühren.

3 Brombeerpüree durch ein Sieb streichen, mit dem Zucker gut vermischen. In einem geeigneten Behälter für mehrere Stunden in den Tiefkühler stellen und öfter umrühren.

4 Vor dem Servieren Kugeln formen, nochmals kurz einfrieren und auf den vorbereiteten Tellern anrichten.

Tipp
Sorbet sollte möglichst frisch genossen werden.
Das Himbeersorbet verliert durch längeres Gefrieren an Süsse.

Annemarie Eberle aus Altnau TG

Wie viele Landwirte im Kanton Thurgau sind die Eberles Obstbauern. Der grösste Teil ihres Anbaugebietes besteht aus Apfelplantagen. Neben den Äpfeln pflanzen sie aber auch Zwetschgen, Minikiwis oder Beeren an. Seit Jahren engagiert die Familie Eberle während der Lesezeit mehrere Erntehelfer aus Polen. Ohne diese zusätzlichen Arbeitskräfte wäre die Obsternte nicht zu bewältigen.

Annemarie und Hans Eberle führen zusammen mit einem ihrer fünf Söhne den familieneigenen Hof. Sie leben mit Sohn Andreas in einer sogenannten Generationengemeinschaft. Bei dieser Gemeinschaft führen die Beteiligten den Betrieb partnerschaftlich. Der Sohn wird auf die Hofübergabe vorbereitet und kann bei allen wichtigen Entscheiden mitreden. Das Eigentum an Hof und Boden bleibt bis zur definitiven Betriebsübergabe bei den Eltern, der erwirtschaftete Gewinn aber wird geteilt.

«Wer glaubt, das Leben auf dem Lande sei langweilig, irrt sich. Als Landfrau erlebt man (und frau) immer wieder Schönes und Aufregendes. Ist man dazu Bäuerin, Mutter und Oma, ist jeder Tag wie ein Mosaikstein im Leben. Wir arbeiten und leben mit der Natur, den vier Jahreszeiten. Daraus ergibt sich automatisch auch eine saisonale Kochleidenschaft. Sie bringt Abwechslung in die Pfannen und auf den Tisch.»

Aber es bleibt nicht nur beim Kochen. Neben einem kleinen Hofladen, wo sie Obst und Gemüse aus dem eigenen Garten anbietet, ist Annemarie Eberle für die Buchhaltung des Betriebes zuständig. Das bedeutet manchen Abend am Schreibtisch. Den Ausgleich zu allem findet sie einerseits beim Turnen und andererseits in ihrem recht ungewöhnlichen Hobby, dem Plasmaschneiden und Schweissen. Bei dieser Tätigkeit entstehen wahre Kunstwerke, die überall in ihrem Garten zu finden sind.

Das Dorf Altnau liegt am Südufer des Bodensees zwischen Kreuzlingen und Romanshorn auf den leicht ansteigenden Moränenzügen des ehemaligen Rheingletschers mitten in prächtigen Obstanlagen. Wegen den vielen Apfel- und Birnbäumen, die den malerischen Ort umrahmen, nennt man Altnau auch das Apfeldorf. Rund 1900 Einwohner fühlen sich hier in den schmucken Häusern nahe dem See heimisch.

Als «Mostindien» wird der Kanton Thurgau oft bezeichnet. «Most» deswegen, weil in dieser Gegend viel Obst zu gepresstem Fruchtsaft verarbeitet wird und «Indien», weil die Form des Kantons derjenigen von Indien ähnelt.

Speckpotzen

Das brauche ich dazu

Teig
125 g Mehl
½ Kl Salz
¼ Kl Zucker
15 g Butter
5 g Hefe
1–5 El Milch

Füllung
100 g Speckwürfel
½ Büschel Petersilie, gehackt

1 Eigelb
2–3 Tropfen Wasser

1 Das Mehl mit dem Salz und Zucker in eine Schüssel geben, eine Vertiefung bilden. Die weiche Butter in kleinen Stücken dazugeben. Die Hefe in der lauwarmen Milch auflösen und zugeben. Alles zu einem glatten und geschmeidigen Teig kneten. Zugedeckt an einem warmen Ort um das Doppelte aufgehen lassen.

2 Für die Füllung die Speckwürfel in einer Bratpfanne glasig braten. Die Petersilie dazugeben und kurz mitdämpfen.

3 Den Teig etwa 3 mm dick rechteckig auswallen. Die Füllung auf dem Teig verteilen. Teig der Länge nach aufrollen und mit der Naht nach unten auf ein mit Backtrennpapier belegtes Blech legen. Nochmals kurz aufgehen lassen.

4 Das Eigelb mit dem Wasser verrühren und die Teigrolle damit bepinseln. Mehrmals mit einer Gabel einstechen. In der Mitte des auf 200 Grad vorgeheizten Ofens etwa 30 Minuten backen.

5 Zum Anrichten schräg anschneiden und noch warm servieren.

Kartoffel-Quark-Suppe mit Streusel

Das brauche ich für 4 Personen

Streusel
50 g Butter
30 g gemahlene Haselnüsse
20 g feine Haferflocken
50 g Mehl
1 Pr Salz

Suppe
350 g Kartoffeln
1 Knoblauchzehe
10 g Butter
6 dl Gemüsebouillon
200 g Rahmquark
Salz und Pfeffer zum Würzen
Kerbel oder Schnittlauch

1 Für die Streusel die Butter in einer Pfanne schmelzen, Haselnüsse, Haferflocken, Mehl und Salz dazugeben und etwa 10 Minuten rösten.

2 In Würfel geschnittene Kartoffeln und den gepressten Knoblauch in der heissen Butter andünsten. Mit Gemüsebouillon aufgiessen und etwa 20 Minuten köcheln, anschliessend pürieren. Den Rahmquark in die Suppe rühren, etwas für die Garnitur beiseite stellen. Kerbel oder Schnittlauch dazugeben.

3 Für die Garnitur einige Kartoffelscheiben in Butter knusprig braten.

4 Die Suppe in Tellern oder Suppentassen verteilen, mit Kartoffelscheiben, Quark, Streuseln und etwas gehacktem Kerbel oder Schnittlauch garnieren.

Landfrauen Poulet-Gourmetröllchen an Salbeisauce

Das brauche ich für 4 Personen

Füllung
4 gedörrte Apfelschnitze
4 gedörrte Aprikosenhälften
40 g Käse (z.B. Greyerzer)

4 Pouletbrüstchen
8 Tranchen Rohschinken
Bratbutter
Salz
Pfeffer

Sauce
1 Zwiebel, gehackt
2 Salbeiblätter
1 El Butter
2 dl Hühnerbouillon
5 dl Halbrahm
etwas Stärkemehl nach Bedarf
½ Kl Bouillonpulver
5 Salbeiblätter,
in feine Streifen geschnitten

1 Für die Füllung Apfelschnitze, Aprikosen und Käse in sehr feine Würfel schneiden und vermischen.

2 Die Pouletbrüstchen der Länge nach einschneiden, aber nicht ganz durchschneiden. Mit Salz und Pfeffer würzen.

3 Einen Kaffeelöffel der Füllung auf eine Tranche Rohschinken geben, aufrollen und in die Tasche des Pouletbrüstchens stecken. Eine weitere Tranche Rohschinken um das Pouletbrüstchen wickeln und mit Zahnstochern oder einer Küchenschnur verschliessen.

4 Die Pouletbrüstchen auf jeder Seite etwa 5 Minuten in etwas heisser Bratbutter gut anbraten, in eine Gratinform legen und etwa 45 Minuten im auf 80 Grad vorgeheizten Ofen garen.

5 Für die Sauce Zwiebel und Salbeiblätter in der heissen Butter dämpfen. Die Hühnerbouillon unterrühren und auf etwa 5 El einkochen lassen.

6 Durch ein Sieb streichen und in die Pfanne zurückgeben. Den Halbrahm beifügen und aufkochen. Die Hitze reduzieren und etwa 15 Minuten köcheln lassen. Falls die Sauce zu dünnflüssig ist, mit etwas Stärkemehl binden. Bouillon und fein geschnittene Salbeiblätter dazugeben, mit Salz und Pfeffer würzen.

7 Die fertig gegarten Pouletbrüstchen mit der Sauce anrichten.

Krautstielgratin

Das brauche ich dazu

600 g Krautstiele
½ Kl Salz
4 dl Flüssigkeit
(z.B. Rahm, Milch, Rahmquark, Crème fraîche)
2 El geriebener Käse
1 Kl Gemüsebouillon
etwas Pfeffer
Muskat
2 El Stärkemehl
etwas geriebener Käse

1 Krautstiele waschen, Blätter von den Stielen schneiden und beiseite legen.

2 Stiele in feine Stücke schneiden, in das Dampfsieb geben, salzen und etwa 15 Minuten dämpfen. In 6 bis 8 Gratinförmchen verteilen.

3 Die Flüssigkeit (Rahm, Milch …) mit dem geriebenen Käse, Gemüsebouillon, etwas Pfeffer, Muskat und Stärkemehl vermischen und in die Förmchen verteilen.

4 Die Krautstielblätter in feine Streifen schneiden und etwa 5 Minuten auf dem Dampfsieb garen. Anschliessend in die Gratinförmchen verteilen und den geriebenen Käse darüberstreuen. Im auf 200 Grad vorgeheizten Ofen etwa 30 Minuten überbacken.

Frauenfelder Süssmostcrème

Das brauche ich dazu

3 El Stärkemehl
6 dl Süssmost
2 Eier
4 El Zucker
½ Zitrone, Schale
Rahm, Halbrahm
oder Jogurt nature

1 Stärkemehl mit 1 dl Süssmost glattrühren, Eier dazugeben und verquirlen.

2 Den restlichen Süssmost mit dem Zucker aufkochen und langsam unter ständigem Rühren zur Eimasse geben. Alles in die Pfanne zurückgeben und unter Rühren bis kurz vors Kochen bringen.

3 Crème in eine Schüssel füllen und abkühlen lassen.

4 Zitronenschale dazureiben und unter die Crème mischen.

5 Vor dem Servieren steif geschlagenen Rahm oder Jogurt vorsichtig unter die Crème heben.

Maja Schenkel aus Fehraltorf ZH

Maja Schenkel lebt mit ihrer Familie ganz in der Nähe der Start- und Landepiste des Sportflugplatzes Speck in Fehraltorf. Seit 1980 führen sie einen Dienstleistungsbetrieb mit rund 20 Pensionspferden. Sie bieten Stall, Weide und Infrastruktur an. Nebenbei betreiben sie im kleinen Stil Milchwirtschaft und kümmern sich um ihre diversen Kleintiere: Schafe, Gänse, Hühner, Katzen, Hund und Esel. Maja Schenkel und ihr Mann Urs haben vor Jahren drei Buben aus Togo und ein Mädchen aus Indien adoptiert.

«Eines weiss ich, dass ich fürs Leben gerne esse, ob Gerichte mit oder ohne Fleisch, Innereien, Fisch oder auch Speisen aus fremden Ländern! Vielleicht koche ich deshalb so gerne. Ich freue mich, wenn ich am Morgen in den Garten gehen kann, um das Gemüse zu ernten. Oftmals richte ich dann das Mittagessen danach aus. Natürlich gehört da meist auch Fleisch dazu.

Es ist schade, dass viele Menschen zu Fertigprodukten greifen und nicht einmal mehr kochen! Es sollte in den Schulen und auch im späteren Leben wieder mehr Wert auf die Ernährung gelegt werden. Die Menschen sollten darauf achten, was wann und zu welcher Jahreszeit bei uns wächst, und die Produkte auch zu dieser Zeit in der eigenen Küche zubereiten.»

Fehraltorf liegt im Kempttal und gehört zum Bezirk Pfäffikon. Das ursprüngliche Bauernstrassendorf hat sich seit dem Ende des Zweiten Weltkrieges stark verändert – die Zahl der Einwohner vervierfachte sich. Fehraltorf wurde zu einer Agglomerationsgemeinde der Städte Zürich und Winterthur. Im Jahre 1930 lebten hier 1023 Personen, derzeit zählt die Gemeinde rund 5000 Einwohner.

Zu Beginn des 19. Jahrhunderts lebte man in Fehraltorf vor allem von der Landwirtschaft. Doch es gab auch etwas Industrie: eine Seidenzwirnerei, eine Zündholz- und zwei Schuhfabriken. Heute gibt es über 300 Gewerbe- und Industriebetriebe und die Landwirtschaft ist stark zurückgedrängt.

An Attraktivität gewonnen hat die Gemeinde 1990 mit der Inbetriebnahme der S-Bahn Zürich. Fehraltorf wurde Kreuzungsstation der Kempttallinie. In nur 26 Minuten Fahrzeit gelangt man nach Zürich oder in 20 Minuten zum Flughafen.

Bekannt ist Fehraltorf auch wegen der Pferderennbahn, auf der seit 1934 das traditionelle Osterrennen ausgetragen wird und wegen des Sportflugplatzes.

Tomaten- und Olivenweggen

Das brauche ich dazu

Tomatenpaste
340 g getrocknete, in Öl eingelegte Tomaten
2–3 Knoblauchzehen, gepresst
2–3 Sardellenfilets
Pfeffer

Olivenpaste
400–500 g grüne, entsteinte Oliven
2 Knoblauchzehen, gepresst
etwas Olivenöl
Pfeffer
Zigeunergewürzmischung oder Paprika

Zopf
500 g Zopfmehl
1 Kl Salz
1 Kl Malzextrakt
20 g Hefe
3 dl Milch
50 g Butter, in kleine Stücke geschnitten

geriebener Parmesan
1 Ei, zum Bestreichen

1 Für die Pasten die jeweiligen Zutaten im Mixer gut verquirlen, bis eine glatte Masse entsteht.

2 Für den Zopfteig das Mehl mit dem Salz, Malzextrakt und der frischen Hefe vermischen. Lauwarme Milch dazugeben und alles zu einem Teig verarbeiten. Nach und nach die Butterstückchen dazugeben und alles zu einem geschmeidigen Teig kneten. Zugedeckt an einem warmen Ort etwa 1 Stunde gehen lassen.

3 Für die Weggen den Teig in 4 Portionen teilen und zu Rechtecken auswallen. Zwei Teigstücke mit Tomaten- und zwei mit Olivenpaste bestreichen und mit Parmesan bestreuen. Die Rechtecke der Länge nach aufrollen, die Enden gut nach unten ziehen und verschliessen. Mit der Naht nach unten auf ein mit Backtrennpapier belegtes Blech legen, mit verquirltem Ei bestreichen und im auf 220 Grad vorgeheizten Ofen 20 bis 30 Minuten backen.

Tipp
Die übriggebliebene Paste in gut verschliessbare Gläser füllen und mit etwas Öl bedecken. Sie lässt sich gut als Crostini-Aufstrich oder für warme oder kalte Apèro-Häppchen verwenden.

Lammgigot

Das brauche ich für 6 Personen

1 Lammgigot (etwa 2 kg)

Marinade
3 El Senf
3–4 Knoblauchzehen, gepresst
verschiedene Kräuter (Oregano, Thymian, Pfefferminze, Rosmarin), fein geschnitten
1 Kl Worcestersauce
etwas Sojasauce
½ Kl Salz
½ Zitrone, Schale und Saft
6–8 El Öl

Sauce
2 El Tomatenpaste
(siehe Rezept Tomatenweggen)
2 dl Rindsbouillon
1 dl Weisswein
2 dl Rahm
1 El Bratensauce à la minute
Pfeffer

1 Alle Zutaten für die Marinade gut miteinander verrühren, das Fleisch damit bestreichen, in eine Schüssel geben und zugedeckt 2 Tage im Kühlschrank ruhen lassen.

2 Das Fleisch in einer Gusseisenpfanne rundum gut anbraten. Anschliessend im auf 80 Grad vorgeheizten Ofen etwa 2 Stunden garen.

3 Für die Sauce alle Zutaten in einer Pfanne vermischen und kurz aufkochen.

4 Das Fleisch in Scheiben schneiden und mit der Sauce, den karamellisierten Cherrytomaten und Nudeln anrichten.

Karamellisierte Cherrytomaten

Das brauche ich dazu

Cherrytomaten
etwas Zucker
Olivenöl

Für die Beilage die Cherrytomaten in eine ofenfeste Form geben, mit Salz und einer guten Prise Zucker würzen. Grosszügig Olivenöl darüberträufeln und 50 bis 60 Minuten im vorgeheizten Ofen bei 180 Grad karamellisieren.

Schokoladencrème mit Birnenfächer

Das brauche ich für 6 Personen

6 sterilisierte Birnen
aus dem Glas

Schokoladencrème
40 g Zucker
2½ dl Milch
2½ dl Vollrahm
2 Eier
250 g Kochschokolade,
in kleine Stücke gebrochen

1 Zucker, Milch, Rahm und Eier mit dem Mixer verquirlen, in eine feuerfeste Form geben und die in Stücke gebrochene Schokolade beigeben. Mit Klarsichtfolie abdecken und für 30 Minuten in den Steamer stellen.

2 Danach mit dem Mixer alles gut aufrühren. Die Masse ist dann noch flüssig! Die Crème zudecken und einen Tag im Kühlschrank stehen lassen, bis sie fest geworden ist.

3 Zum Servieren die Birnen einschneiden und fächerartig auf Desserttellern mit der Schokoladencrème anrichten.

Variante ohne Steamer

1 Zucker, Rahm und Schokolade in einer Pfanne langsam erwärmen und schmelzen lassen.

2 Milch und Eier verquirlen und unter die Schokoladenmasse rühren.

3 Alles gut erhitzen, glattrühren, aber nicht kochen. Erkalten lassen und zugedeckt für einen Tag in den Kühlschrank stellen.

Heidi Ineichen aus Wolfhalden AR

Heidi Ineichen wohnt zusammen mit ihrem Mann Peter und vier ihrer fünf Kinder im Aussertobel des Dorfes Wolfhalden im Kanton Appenzell Ausserrhoden. Thomas, Reto, Patrick und Sandra leben noch zu Hause, Manuela wohnt und arbeitet hingegen in Romanshorn, kommt aber jeweils am Wochenende gerne zu den Geschwistern und Eltern. Auch Gina, die Berner Sennenhündin, und die beiden Katzen Shila und Giovanni fühlen sich wohl in der Familie.

Heidi und Peter Ineichen haben den Hof 1998 in Pacht übernommen. Beide stammen nicht aus einer Bauernfamilie, aber der Beruf war von Anfang an ihr liebstes Hobby. Der rund 28 Hektaren grosse Betrieb mit 50 Stück Vieh (Kühe, Rinder und Kälber) ist ein reiner Milchwirtschaftsbetrieb. Dazu gehören auch noch 100 Hühner, die von Heidi versorgt und gepflegt werden. Die Eier verkauft sie direkt ab Hof und im Dorfladen. Neben der Tätigkeit auf dem Hof hat sie als gelernte Hauspflegerin ein Teilzeitpensum bei der regionalen Spitex. Dabei stehen die Hilfe für Menschen und die Begegnung mit Menschen im Vordergrund. Und im Landfrauenverein Wolfhalden organisiert sie sehr engagiert das Kurswesen.

Heidi kocht meist mit eigenen Produkten aus ihrem Garten und vom Hof. Gelernt hat sie das Kochen bei ihrer Mutter und natürlich im

Haushaltlehrjahr auf einem Bauernbetrieb. Sie kocht sehr gerne und am liebsten für viele hungrige Familienmitglieder. Nur für zwei Personen kochen mache ihr keinen Spass, sagt sie. «Sehr gerne bekoche ich spontane und unkomplizierte Gäste. Kochen hat für mich etwas sehr Kreatives und oft probiere ich wieder Neues aus.» Daneben interessiert sie alles, was zum Thema Ernährung gehört.

Patrick, der jüngste Sohn, kocht genauso leidenschaftlich wie sie. In den Ferien – wenn Heidi für die Spitex unterwegs ist – bereitet Patrick das Essen für die ganze Familie zu. Sandra, die jüngste Tochter, arbeitet hingegen lieber im Stall als in der Küche.

Im Thurgau geboren und aufgewachsen, fühlt sich Heidi heute als Appenzellerin. Gerne geht sie in ihrer selbst genähten Tracht mit ihrem Mann Peter an regionale Viehschauen. Sie liebt die Landschaft mit der grossartigen Aussicht auf den Bodensee und lebt sehr gerne in der «Gemeinde mit Weitblick».

Wolfhalden liegt im Appenzeller Vorderland zwischen Heiden und Walzenhausen im Dreiländereck Schweiz, Österreich, Deutschland, etwa 300 Meter über dem Bodensee. Rund 1700 Einwohner zählt die Gemeinde, die seit 1652 eigenständig ist. Das markanteste Bauwerk ist die Kirche im Ortszentrum. Zahlreiche Wandermöglichkeiten werden in der abwechslungsreichen Landschaft geboten. So führen ein Gesundheitsweg und der wohl einzige Witzweg der Schweiz an der Gemeinde vorbei.

Appezeller Chäsflade (Appenzeller Käsekuchen)

Das brauche ich für 4 Personen und ein Backblech von 30 x 40 cm

Teig
500 g Halbweissmehl
1 Kl Salz
20 g Hefe
3½ dl Wasser

Belag
500 g Appenzellerkäse,
an der Bircherraffel gerieben
3 Eier
2 dl Vollrahm
1 dl Wasser
Salz
Pfeffer
Paprika
Muskat

Salat
1 Krachsalat, klein geviertelt
Cherrytomaten, halbiert
Radieschen, halbiert
Zwiebelsprossen, zum Garnieren
Himbeeressig
Öl
Kräutersalz

1 Für den Teig Mehl, Salz, Hefe und lauwarmes Wasser von Hand oder mit der Küchenmaschine zu einem geschmeidigen Teig verarbeiten. Zugedeckt um das Doppelte aufgehen lassen.

2 Für den Belag den geriebenen Käse mit den Eiern, dem Rahm und dem Wasser vermischen und mit Salz, Pfeffer, Paprika und Muskat abschmecken.

3 Das Backblech mit einem Backtrennpapier auskleiden oder mit Butter bestreichen. Den Teig auf die Grösse des Blechs auswallen, auf das vorbereitete Backblech legen und einen kleinen Rand hochziehen. Die Käsemasse auf dem Teigboden verteilen.

4 Etwa 25 Minuten in der unteren Hälfte des auf 230 Grad vorgeheizten Ofens backen. Sofort servieren.

5 In der Zwischenzeit für die Salatsauce Himbeeressig mit Öl und Kräutersalz verrühren, über den Salat geben und mit Cherrytomaten und Radieschen garnieren. Zusammen mit dem Käsefladen servieren.

Appezellerschnitzel

Das brauche ich für 4 Personen

8 Schweinsfiletplätzli
(oder 4 dicke Plätzli wie für
Cordon bleu aufgeschnitten)
8 Tranchen Mostbröckli
1 rohe Siedwurst bzw.
Siedwurstbrät
4 Scheiben Appenzellerkäse,
dünn geschnitten
Salz
Pfeffer
wenig Öl

1 Die Plätzli flachklopfen.

2 Vier Plätzli mit je einer Tranche Mostbröckli belegen, Siedwurstbrät und Käse daraufgeben. Eine Tranche Mostbröckli darauflegen und mit je einem Plätzli zudecken. Mit Salz und Pfeffer würzen und mit Zahnstochern rundum fixieren.

3 In wenig Öl beidseitig braten (etwa 10 Minuten).

4 Zusammen mit den gefüllten Kartoffeln servieren.

Gefüllte Kartoffeln

Das brauche ich für 4 Personen

4 grosse gekochte Kartoffeln
(Gschwellti), ungeschält

Füllung
1 Kl Butter
1 kleine Stange Lauch,
fein geschnitten
140 g Champignons,
klein geschnitten
½ Bund Schnittlauch, gehackt
etwa 1 dl Vollrahm
½ Kl Curry
Salz
Pfeffer
1 Kl Öl

1 Von den Kartoffeln der Länge nach einen Deckel abschneiden. Den unteren Teil bis auf 1 cm Rand aushöhlen. Die Kartoffelmasse mit der Gabel zerdrücken (die Kartoffelmasse des Deckels kann bei anderer Gelegenheit gebraucht werden) und beiseite stellen.

2 Für die Füllung Butter in der Bratpfanne warm werden lassen, Lauch und Champignons darin andämpfen. Den Schnittlauch mit dem Rahm zugeben und gut mischen.

3 Pfanne vom Herd nehmen, die Kartoffelmasse untermischen und mit Curry, Salz und Pfeffer würzen.

4 Die ausgehöhlten Kartoffeln aussen mit Öl bestreichen. Die Füllung in die Kartoffeln geben und in eine gefettete Gratinform legen. Im auf 220 Grad vorgeheizten Ofen 15 bis 20 Minuten überbacken.

Quarkmousse mit Erdbeersauce

Das brauche ich für 4 Personen

Mousse
250 g Quark
180 g Jogurt nature
4 El Zucker
½ P Vanillezucker
1 Vanilleschote, ausgekratztes Mark
4 Blatt Gelatine, in kaltem Wasser eingeweicht
1 El Zitronensaft
1,8 dl Rahm, steif geschlagen

Erdbeersauce
250 g Erdbeeren
40 g Puderzucker
1 Kl Zitronensaft

1 Für die Mousse Quark, Jogurt, Zucker, Vanillezucker und ausgekratztes Vanillemark verrühren.

2 Eingeweichte Gelatine gut ausdrücken und zusammen mit dem Zitronensaft in einer kleinen Schüssel im warmen Wasserbad auflösen. 2 bis 3 Esslöffel der Quarkmasse mit der Gelatine verrühren und unter ständigem Rühren zur restlichen Quarkmasse geben. Zugedeckt im Kühlschrank leicht ansulzen lassen.

3 Geschlagenen Rahm sorgfältig unter die Quarkmasse ziehen. Mousse in kleine Gläser verteilen oder in eine Schüssel geben. Zugedeckt im Kühlschrank 3 bis 4 Stunden fest werden lassen.

4 Für die Sauce Erdbeeren, Puderzucker und Zitronensaft pürieren.

5 Die Quarkmousse mit der Erdbeersauce garniert servieren.

Früchtebrot

Das brauche ich für ein Brot

80 g Rohzucker
500 g Ruchmehl
1 P Backpulver
1 Pr Salz
1 El Birnbrotgewürz
200 g gedörrte Aprikosen, in Streifen geschnitten
200 g Feigen, in Streifen geschnitten
200 g ganze Haselnüsse oder grob gehackte Baumnüsse
200 g Sultaninen
5 dl Milch

1 Rohzucker, Ruchmehl, Backpulver, Salz und Birnbrotgewürz gut mischen. Aprikosen und Feigen zusammen mit den Haselnüssen, den Sultaninen und der Milch unterrühren.

2 Eine Cakeform von etwa 32 cm Länge mit Backtrennpapier auskleiden oder einfetten, Teig hineingeben und 50 bis 60 Minuten in der Mitte des auf 180 Grad vorgeheizten Ofens backen.

Elisabeth Raaflaub aus Gstaad BE

Elisabeth Raaflaub und ihr Mann Ernst sind im Saanenland zu Hause. Ihr Hof liegt zwischen Gstaad und Saanen, leicht erhöht mit Blick auf die grandiose Bergwelt. Sie haben drei Kinder. Anita, die Älteste arbeitet in Zürich, der Jüngste, Remo ist Landmaschinenmechaniker und Thomas arbeitet auf dem Hof mit. Er wird ihn nächstes Jahr zusammen mit seiner Frau Katrin übernehmen. Der zweieinhalbjährige Janis macht die Familie komplett. Er wächst zweisprachig auf, denn seine «Grand-Maman» hat ihre Jugendzeit im Welschland verbracht. Und ihr Herz hängt immer noch sehr an der Romandie. So geniesst sie die wöchentliche Probe mit dem französischsprachigen Chor «Le Picosi» jedes Mal in vollen Zügen und schätzt die Selbstverständlichkeit, mit der im Saanenland zwischen den Sprachen hin und her gewechselt wird.

Im Sommer sind Elisabeth und Ernst Raaflaub auf ihrer Alp oberhalb von Les Diablerets. 90 Kilo Käse stellen sie täglich her, der als Berner Alpkäse in den Verkauf gelangt. 50 Kühe (davon 20 eigene), 20 Schweine und 17 schottische Hochlandrinder betreuen sie.

Die braunen Rinder mit den typischen langen Hörnern sind ausgesprochen genügsam. Sie sind auch im Winter gerne draussen und das Fleisch gilt als hochwertig: es ist fettarm, enthält wenig Cholesterin, aber viel Protein.

Elisabeth kocht am liebsten mit den eigenen oder zumindest mit Produkten aus der Region. So sind je nach Saison Milch, Rahm und Käse, Trockenfleisch und Salami vom Hochlandrind sowie Gemüse und Früchte aus dem Garten in ihrer Küche immer vorrätig.

Gstaad liegt im Herzen des Saanenlandes im Berner Oberland, hart an der Sprachgrenze zum Kanton Waadt. Wer Gstaad hört, denkt automatisch an Luxus und High Society. Der Ort ist beliebt bei prominenten und reichen Feriengästen. Das Dorf hat sich jedoch seinen ländlichen Charakter bewahrt – dank der 150 Bauernbetriebe, die es in der Region gibt und dank der strengen Bauvorschriften.

Auch auf den Alpen rund um Gstaad wird die Tradition noch gelebt. 80 Alpen sind in Betrieb, es gibt 7'000 Kühe und die lokalen Produkte sind gefragt: vom Alpkäse über Fleischprodukte bis zum kunstvollen Scherenschnitt, der ebenso zum Saanenland gehört wie die weissen Geissen. Die Schauspielerin Julie Andrews hat Gstaad einmal als das letzte Paradies in einer verrückten Welt bezeichnet.

Elisabeth Raaflaub, Gstaad

Bratkäse mit Spinat

Das brauche ich für 4 Personen

1 P Blätterteig
1 Ei, zum Bestreichen

Spinat
400 g frischer Spinat
1 Schalotte
1 Knoblauchzehe
etwas Butter
1 El Mehl
1 dl Rindsbouillon
etwa 2 dl Rahm
1 Pr Muskat
Salz
Pfeffer aus der Mühle

1 frische Ananas,
in Schnitze geschnitten

1 grosses Stück Alpkäse
(Hartkäse)
4 Alpziger
Kirschen

1 Blätterteig etwa 5 mm dick auswallen, 4 Herzen ausschneiden, auf ein mit Backtrennpapier belegtes Kuchenblech legen, mit verquirltem Eigelb bestreichen und im vorgeheizten Ofen bei 200 bis 220 Grad 20 Minuten backen.

2 Spinatblätter 5 Minuten im Salzwasser blanchieren, im kalten Wasser abschrecken, abgiessen und kurz auskühlen lassen.

3 Schalotte und Knoblauch fein schneiden und in einer Bratpfanne in der heissen Butter dünsten. Spinat dazugeben und dämpfen.

4 Mit Mehl bestäuben, Bouillon zugeben und 5 Minuten köcheln lassen. Den Rahm beigeben und erhitzen. Mit Muskat, Salz und Pfeffer würzen.

5 Die Ananasschnitze in einer Pfanne (oder auf dem Grill) auf beiden Seiten grillieren, bis das Fruchtfleisch eine goldene Farbe angenommen hat. Den Alpkäse in der Grillpfanne oder in der Bratpfanne auf mittlerer Hitze anschmelzen.

6 Spinat auf den Blätterteigherzen verteilen, geschmolzenen Alpkäse, grillierte Ananas und Alpziger dazu anrichten. Nach Belieben mit eingelegten Kirschen garnieren

Suure Mocke mit Rotweinbirnen

Das brauche ich für 4 Personen

1 kg Rindfleisch
(vom Stotzen oder der Schulter)

Beize
5 dl guter Rotwein
2 dl Essig
1 kleines Stück Zitronenschale
1 Zwiebel, in Ringe geschnitten
2 Nelken
3 Pfefferkörner
1 Lorbeerblatt
3–4 Wacholderbeeren
je 1–2 Zweige frischer Rosmarin
und Thymian
1 Rüebli, in Stücke geschnitten
1 Stück Knollensellerie,
in Stücke geschnitten
1 kleine Stange Lauch,
in Stücke geschnitten

1 El Mehl, geröstet
Salz
Pfeffer

300 g frische Pfifferlinge
1 El Butter
50 g Speckwürfel
1 dl Rahm

1 Alle Zutaten für die Beize in einer Pfanne aufkochen und auskühlen lassen. Das Fleisch in eine Schüssel geben und mit der ausgekühlten Beize übergiessen. Das Fleisch muss dabei von der Beize vollständig bedeckt sein. Für 4 bis 5 Tage in den Kühlschrank stellen. Das Fleisch täglich einmal wenden.

2 Das Fleisch aus der Beize, nehmen, trocken tupfen und in heissem Fett im Brattopf anbraten, herausnehmen und beiseite stellen.

3 Die Beize aufkochen, Schaum abschöpfen und in einen Krug abgiessen. Das Gemüse im Bratfett andünsten und nach Bedarf weiteres frisches Gemüse (Rüebli, Knol-lensellerie und Lauch) mitdünsten.

4 Mit dem gerösteten Mehl bestäuben, mit Salz und Pfeffer würzen und mit 3 dl der Beize übergiessen. Restliche Beize beiseite stellen.

5 Fleisch in den Brattopf geben und etwa 3 Stunden im vorgeheizten Ofen bei 150 Grad schmoren lassen.

6 Geputzte Pfifferlinge in Butter andämpfen, mit Salz und Pfeffer abschmecken und 10 Minuten köcheln lassen. Speckwürfeln separat anbraten.

7 Fleisch aus dem Brattopf nehmen und in Scheiben schneiden. Sauce absieben, nach Belieben noch etwas von der übriggebliebenen Beize zugeben und mit dem Rahm verfeinern. Pfifferlinge und Speck beifügen und nochmals kurz erhitzen, aber nicht mehr kochen.

8 Das Fleisch auf Tellern anrichten, mit der Sauce, den Pfifferlingen und Speck garnieren.

9 Dazu Saisongemüse, Kartoffelstock und Rotweinbirnen servieren.

Elisabeth Raaflaub, Gstaad

Rotweinbirnen

Das brauche ich dazu

1 kg Zucker
2 l Rotwein
etwas Pfeffer
2–3 Sternanis
½ Zimtstange
1–2 Nelken

4–6 Birnen
Preiselbeerkompott aus dem Glas

1 Alle Zutaten in eine Pfanne geben und zu einem Sirup einkochen lassen.

2 Die Birnen schälen, halbieren, das Kerngehäuse entfernen und im Sirup bissfest kochen.

3 Zum Anrichten in die Vertiefung der Birnenhälften Preiselbeerkompott füllen.

Walderdbeerenglace

Das brauche ich für 4 Personen

250–300 g frische Walderdbeeren oder andere Beeren (Himbeeren, Erdbeeren, Brombeeren)
Erdbeerlikör
etwas frisches Basilikum
80 g Zucker
1 Zitrone, Saft
1 Pr Vanillezucker
1 dl Milch
1½ dl Rahm

5 dl Doppelrahm
4 kleine Meringues

1 Einige Beeren in eine Schale geben, das fein geschnittene Basilikum beifügen, mit etwas Erdbeerlikör übergiessen und darin marinieren lassen.

2 Die übrigen Beeren mit dem Zucker und Zitronensaft vermischen und pürieren. Vanillezucker, Milch und Rahm dazugeben, nochmals kurz aufmixen und im Tiefkühler gefrieren lassen oder in die Glacemaschine geben.

3 Zum Servieren 1 bis 2 Kugeln Glace auf einen Teller geben, geschlagenen Rahm und Meringues danebensetzen und mit den eingelegten Beeren und etwas frischem Basilikum garnieren.

Heidi Schmid aus Menzingen ZG

Auf dem Gubel oberhalb des Klosterdorfes Menzingen bewirtschaften Heidi und Benedikt Schmid mit ihren drei Kindern den Klosterpachtbetrieb Gubel. Gemeinsam haben sie den Hof ständig modernisiert. So werden die Kühe in einem Freilaufstall mit Sandliegeboxen gehalten, was Euterinfektionenskrankheiten und Druckstellen an Gelenken verhindert.

Zum Hof gehören auch Ziegen, Appenzeller Spitzhaubenhühner, Hasen, Katzen und die Berner Sennenhündin Bella.

Heidi Schmid und ihre Familie sind Bauern aus Leidenschaft. Alle packen auf dem Hof mit an, auch die drei Kinder. Martina ist in einer Ausbildung zur Fachangestellten Gesundheit. Petra und Samuel gehen noch zur Schule.

Die Familie Schmid produziert Milch, Fleisch und baut Kartoffeln und Getreide an. Die Ziegenmilch wird in einer Käserei verarbeitet und zusammen mit den anderen Produkten im Hofladen zum Verkauf angeboten. Auch die Kapuzinerinnen im Kloster beziehen diese Hofprodukte. Zwischen der Klostergemeinschaft und der Familie Schmid besteht ein ausgesprochen freundschaftliches Verhältnis.

Heidi hat sich zur «Botschafterin für eine gute und gesunde Ernährung» ausbilden lassen. In dieser Funktion setzt sie sich dafür ein, die

Bevölkerung auf das vielfältige Angebot von saisonalen und regionalen Landwirtschaftserzeugnissen zu sensibilisieren.

Die Gemeinde Menzingen ist eine von elf Gemeinden des Kantons Zug. Sie liegt in der voralpinen Landschaft mit den einzigartigen Moränen. Der Linthgletscher von Osten und der Reussgletscher von Süden her haben hier mit ihrem Geschiebe eine Welt gebildet, die mit ihrem Formenreichtum ein einzigartiges Landschaftsbild bietet. Auf den Hügelzügen mit ihren rundlichen Kuppen steht oft eine Linde. Andere Besonderheiten sind die zahlreichen Flur- und Wegkreuze.

Der Gubel ist mit 913 Metern der höchst gelegene Punkt von Menzingen. Hier steht das Kapuzinerinnenkloster Maria-Hilf aus dem Jahre 1846, eine Wallfahrtskapelle und das 200-jährige Gasthaus Gubel. Von da geniesst man einen herrlichen Blick auf den Zugersee und über das Mittelland bis zum Höhenzug des Jura.

Gartensalat mit knusprigem Ziegenfrischkäse

Das brauche ich für 4 Personen

verschiedene Blattsalate
Ringelblumenblätter, Borretsch-
blüten, Gänseblümchen
(oder andere essbare Blüten)
2 Ziegenfrischkäsli etwa 80 g
1 El Mehl
1 Ei
3 El Paniermehl, vermischt mit
frischen gehackten Kräutern
Bratbutter

Honigsauce
3 El Balsamicoessig
5 El kaltgepresstes Rapsöl
2 El flüssiger Honig
1 Knoblauchzehe, gepresst
Salz
Pfeffer

Rapskerne, zum Garnieren

1 Für die Salatsauce alle Zutaten miteinander verrühren und mit Salz und Pfeffer würzen.

2 Salatblätter auf Tellern anrichten, mit der Honigsauce übergiessen und mit essbaren Blüten garnieren.

3 Die Ziegenfrischkäsli halbieren, erst im Mehl, dann im verquirlten Ei und schliesslich im Paniermehl mit frischen Kräutern wenden. Panade leicht andrücken.

4 Panierte Käsli in der heissen Butter braten, bis die Hülle goldgelb und knusprig ist. Der Käse sollte innen leicht geschmolzen sein. Die noch warmen Käsli auf das Salatbett geben und mit Rapskernen bestreuen.

Gubelheubrötli

Das brauche ich für 4 Personen

Kräuter-Bergheu
1 l kaltes Wasser

Teig
1 kg Ruchmehl
1 El Salz
40 g frische Hefe
½ Kl Zucker
½ dl Wasser
5 dl Heusud

1 Für den Heusud die Pfanne mit dem Heu satt füllen, Wasser dazugeben, aufkochen und 10 Minuten leicht köcheln lassen. Den Heusud in der Pfanne auskühlen lassen. Durch ein feines Sieb abgiessen.

2 Für den Teig das Mehl und Salz in einer Schüssel mischen. Die Hefe mit dem Zucker im Wasser auflösen, zusammen mit 5 dl Heusud zum Mehl geben und alles gut kneten. Den Teig zugedeckt an einem warmen Ort um das Doppelte aufgehen lassen.

3 Aus dem Teig kleine Brötchen formen und in den noch kalten Ofen schieben. Bei 180 Grad Umluft etwa 20 Minuten backen.

Kalbsragout mit Zucchini

Das brauche ich für 4 Personen

900 g Kalbsragout
1 El Bratcrème
Salz
Pfeffer
1 dl Weisswein
2 dl Bouillon
1 Stück Zitronenschale
300 g Zucchini
½ Zitrone, Schale
100 g Crème fraîche
oder Saucenrahm

1 Das Fleisch in einem Topf in der Bratcrème portionsweise anbraten.

2 Alles Fleisch in die Pfanne geben, mit Salz und Pfeffer würzen und mit dem Wein ablöschen. Die Bouillon und die Zitronenschale dazugeben und zugedeckt 1 bis 1½ Stunden schmoren lassen. Die Zitronenschale entfernen.

3 Die Zucchini vierteln, in Scheiben schneiden und mit etwas abgeriebener Zitronenschale zum Fleisch geben. Bei kleiner Hitze 15 Minuten köcheln.

4 Vor dem Servieren Crème fraîche zum Ragout geben und mit Salz und Pfeffer abschmecken.

Kartoffelknöpfli mit Oreganobutter

Das brauche ich für 4 Personen

400 g Kartoffeln, geschält,
in Stücke geschnitten
200 g Mehl
1½ Kl Salz
75 g geriebener Bergkäse
4 kleine Eier
1 dl Milch

Oreganobutter
2 El Butter
2 El frische Oreganoblättchen

1 Für den Teig die Kartoffeln weichkochen, Wasser abgiessen, nochmals auf die Platte stellen und kurz in der Pfanne trocknen lassen.

2 Kartoffeln pürieren. Mehl, Salz, Käse, Eier und Milch zugeben und alles zu einem gleichmässigen Teig vermischen. Zugedeckt etwa 30 Minuten ruhen lassen.

3 Den Teig portionsweise durch ein Knöpflisieb direkt in leicht siedendes Salzwasser streichen und solange ziehen lassen, bis die Knöpfli an die Oberfläche steigen. Mit einer Schaumkelle abschöpfen, abtropfen, in eine Schüssel geben und warm stellen.

4 Für die Oreganobutter die Butter in einer Bratpfanne schmelzen, Oreganoblätter beifügen, andämpfen und über die Knöpfli verteilen.

Rüebli Potpourri

Das brauche ich dazu

600 g verschieden farbige Rüebli
etwas eingesottene Butter
1 Zwiebel, gehackt
½ dl Wasser
Kräutersalz, 1 Pr Zucker

1 Rüebli waschen, schälen und in Scheiben schneiden.

2 In der heissen Butter (eventuell mit der Zwiebel) andämpfen und mit dem Wasser ablöschen, würzen und etwa 15 Minuten dämpfen.

Heidi Schmid, Menzingen

Zuger Kirschtorte

Das brauche ich für ein Kuchenblech von 26 cm Durchmesser

Japonaisböden
3 Eiweiss
150 g Zucker
100 g gemahlene Mandeln

Biskuit
3 Eigelb
1 Ei
3 El Wasser
100 g Zucker
1 P Vanillezucker
50 g Mehl
75 g Stärkemehl
1 Kl Backpulver

Buttercrème
50 g Stärkemehl
90 g Zucker
3,7 dl Milch
1 Stück Rande
oder etwas Randensaft oder rote Lebensmittelfarbe
200 g Butter

Tränkflüssigkeit
½ dl Wasser
60 g Zucker
1½ dl Kirsch (42% Vol.)

Garnitur
100 g Mandelblättchen, im Ofen geröstet
Puderzucker

1 Für die Japonaisböden das Eiweiss steif schlagen, nach und nach den Zucker zugeben, bis eine schöne Meringuemasse entsteht. Vorsichtig die Mandeln unterheben.
Masse in einen Spritzsack füllen und 2 Japonaisböden auf die mit Backtrennpapier belegten Kuchenbleche spritzen.
Im auf 150 Grad vorgeheizten Ofen 20 Minuten backen. Bei Bedarf bei leicht geöffneter Backofentür nachtrocknen lassen.

2 Für das Biskuit Eigelb, Ei, Zucker, Vanillezucker und Wasser schaumig rühren. Mehl, Stärkemehl und Backpulver sieben und vorsichtig unter die Masse heben.
In eine mit Backtrennpapier ausgekleidete Tortenform von 26 cm Durchmesser geben und etwa 20 Minuten bei 180 Grad backen. Auskühlen lassen.

3 Für die Buttercrème Stärkemehl und Zucker vermischen und zusammen mit der Milch in einer Pfanne erhitzen. Gut verrühren. Das Stück Rande dazugeben und rühren, bis eine rosarote Crème entsteht. Auskühlen lassen.

4 Die weiche Butter schaumig rühren, bis sich Spitzen bilden. Die kalte Crème in die Butter rühren.

5 Für die Tränkflüssigkeit Wasser und Zucker aufkochen, bis sich der Zucker aufgelöst hat. Auskühlen lassen und den Kirsch mit dem kalten Sirup vermischen.

6 Die beiden Japonaisböden mit der Hälfte der Crème bestreichen, Biskuit darauflegen und mit Zuckersirup tränken. Biskuit mit der Buttercrème bestreichen, den zweiten Japonaisboden aufsetzen und etwas andrücken.

7 Tortendeckel und -rand mit Buttercrème bestreichen und den Rand mit Mandelblättchen verzieren, Puderzucker darübersieben. Nach Belieben mit einem Messer auf dem Puderzucker ein rhombenförmiges Muster anbringen. Im Kühlschrank aufbewahren.

Tipp
Die Torte schmeckt nach 1 bis 2 Tagen noch besser.

Veronika Oswald aus Näfels GL

Am Rande von Näfels, zwischen Wohnquartier und Kantonsstrasse liegt der Hof von Veronika und Christian Oswald. Sie haben den 15 Hektaren grossen Betrieb vor Jahren von Christians Vater übernommen. Zusammen mit ihren drei Kindern und Christians Mutter leben sie auf dem Hof. Und im Stall stehen rund 20 Kühe und 20–25 Jungtiere, 6–8 Mastkälber, 2 Geissen und 3 Pferde.

Obwohl Veronika Oswald immer den grossen Wunsch hatte, einmal Bäuerin zu werden, machte sie zunächst eine Ausbildung zur diplomierten Hauspflegerin. Diesem Beruf geht sie heute noch halbtags in einem Alters- und Pflegeheim nach.

Veronika hat keinen Gemüsegarten, besorgt sich aber so viel wie möglich von Bäuerinnen und Bauern aus der Umgebung, damit ausgewogene Gerichte auf den Tisch kommen. Das Fleisch stammt ausschliesslich aus dem eigenen Betrieb. Sie mag es, wenn etwas läuft und sie findet immer wieder etwas, das sie auf Trab hält. So verkauft sie unter anderem mit einer Bäuerin im Dorfladen einheimische Produkte.

Nicht zuletzt sind da auch noch die drei Kinder: Céline ist zwölf und tanzt einmal in der Woche Rock n' Roll. Sie möchte gerne einmal an einem Turnier teilnehmen. Sämi weiss schon jetzt, dass er später Bauer werden will.

Seit 4 Jahren schwingt der Elfjährige und hat schon einige Auszeichnungen vom nationalen «Buebeschwinget» nach Hause gebracht. Und der fünfjährige Jonas würde am liebsten den ganzen Tag «ume gumpe».

Veronika reitet sehr gerne und so sattelt sie oft frühmorgens das Pferd und reitet alleine aus. Dabei ordnet sie ihre Gedanken, tankt neue Energie und kommt mit aufgeladenen Batterien zurück. Sie hat auch das Fahrbrevet erworben und bewegt ihre Pferde mit grosser Freude ebenso vor der Kutsche.

Die Bezeichnung Näfels geht auf die romanische Besiedlung zurück. Das lateinische Grundwort «novale» bedeutet Neuland. Im Rätoromanischen wurde dieser Begriff in der Mehrzahl zu «novalis» verändert. In der weiteren Sprachentwicklung entstand «navalias» und daraus das heutige Wort Näfels. 1388 fand die Schlacht bei Näfels statt, bei welcher die Eidgenossen die Habsburger schlugen. An diese Schlacht erinnert ein Denkmal und die jährlich stattfindende Näfelserfahrt.

Dass Näfels ein Dorf «mit Geschichte» ist, davon zeugen die zahlreichen historischen Bauten. Zum Beispiel der von 1642–1647 erbaute Freulerpalast, in dem heute das Museum des Kantons Glarus untergebracht ist. Er zählt zu den schönsten und baulich interessantesten Profanbauten der Schweiz aus dem 17. Jahrhundert. Berühmt sind die prachtvollen Täfer-zimmer und Kachelöfen. Daneben sind das durch Fridli Tolder 1551 errichtete Tolderhaus zu erwähnen, die Hilarius-Kirche und das auf dem bedeutenden Bergsturzhügel errichtete Franziskanerkloster Mariaburg. Überragt wird Näfels vom 2283 Meter hohen Rautispitz, einem beliebten Ziel für Bergwanderer.

Vroni's Salat im Chörbli

Das brauche ich für 4 Personen

80 g geriebener alter Glarner Bergkäse
verschiedene Saisonsalate
Salatsauce nach Belieben

1 Mit Hilfe eines Tellers Kreise von etwa 20 cm Durchmesser mit einem Bleistift auf ein Backtrennpapier zeichnen und umgekehrt auf ein Backblech legen. Den geriebenen Käse in der Grösse der Kreise verteilen.

2 Im vorgeheizten Ofen bei 220 Grad etwa 3 Minuten auf der obersten Rille backen.

3 Die Käserondellen mit einer Spachtel vom Backtrennpapier lösen und noch heiss über eine umgedrehte Schüssel (z.B. eine kleine Suppenschüssel) legen. Auskühlen lassen, bis der Käse fest geworden ist.

4 Salat in den ausgekühlten Käsechörbli anrichten und die Salatsauce darübergeben.

Wichtig: Die Rondellen müssen im Ofen warm gehalten werden, sonst wird der Käse hart und ist nicht mehr formbar!

Veronika Oswald, Näfels

Gefülltes Kalbsfilet mit Kartoffelgratin

Das brauche ich für 4 Personen

1 Kalbsfilet (vom Metzger zum Füllen aufschneiden lassen)

Füllung
100 g Doppelrahmfrischkäse
1–2 El geriebener Glarner Schabziger
Salz
Pfeffer
10 Tranchen Bratspeck
Bratbutter

1 Für die Füllung Doppelrahmfrischkäse, Schabziger, Salz und Pfeffer vermischen.

2 Das Filet damit füllen und rundum mit Salz und Pfeffer würzen.

3 Den Speck auf einer glatten Oberfläche auslegen, Filet darin einpacken und mit Küchenschnur fixieren.

4 In der heissen Bratbutter während 5 Minuten rundum anbraten und im auf 80 Grad vorgeheizten Ofen etwa 2 Stunden garen.

Kartoffelgratin

Das brauche ich dazu

800 g Kartoffeln
3–4 dl kräftige Bouillon
3–4 El geriebener Alpkäse
Butter

1 Rohe Kartoffeln schälen und in feine Scheiben schneiden.

2 In eine gefettete Gratinform verteilen, heisse Bouillon darübergiessen und 30 bis 45 Minuten in der unteren Hälfte des vorgeheizten Ofens bei 220 Grad backen.

2 Den Alpkäse darüberstreuen und einige Butterflocken darauf verteilen.

3 Die Ofentemperatur auf 250 Grad erhöhen und den Kartoffelgratin in der oberen Ofenhälfte 10 Minuten überbacken.

Glarner Hexendessert im Tulipane

Das brauche ich dazu

Tulipane
110 g Butter
130 g Zucker
½ Kl Vanillezucker
4 Eiweiss
130 g Mehl

Glarner Glace
3 Eigelb
80 g Zucker
20 g Magenträs
(Glarner Gewürzzucker)
10 g Vanillezucker
2½ dl Vollmilch
2 dl Rahm, steif geschlagen

Hexenglace
3 Eigelb
100 g Zucker
1–2 El «Hexentröpfli»
(Kirschlikör)
10 g Vanillezucker
2½ dl Vollmilch
2 dl Rahm, steif geschlagen

Beerenglace
250 g Beeren nach Saison
125 g Zucker
1 Kl Zitronensaft
1 dl Vollmilch
2 dl Rahm, steif geschlagen

1 Für den Tulipane-Teig Butter weich rühren, Zucker, Vanillezucker, verklopftes Eiweiss und Mehl beifügen und alles gut verrühren. Den Teig 1 Stunde kühl stellen, damit er etwas fest wird.

2 Mit je 1 Esslöffel Teig auf dem mit Backtrennpapier belegten Backblech 1 mm dicke Rondellen von 10 cm Durchmesser ausstreichen.

3 Auf der untersten Rille des auf 180 Grad vorgeheizten Ofens etwa 5 Minuten backen. Sobald sich die Teigränder braun verfärben, eine Rondelle nach der anderen mit Hilfe einer Spachtel vom Backtrennpapier lösen, über ein umgekehrtes Schälchen von etwa 12 cm Durchmesser legen, mit den Händen oder mit einem etwas grösseren Schälchen andrücken und abkühlen lassen.

Wichtig: Die Rondellen müssen im Ofen warm gehalten werden, sonst wird das Gebäck hart und ist nicht mehr formbar!

Glarner Glace

Eigelb, Zucker, Magenträs und Vanillezucker schaumig rühren. Vollmilch unter ständigem Rühren beigeben, zum Schluss den geschlagenen Rahm unterheben und in der Eismaschine oder im Tiefkühler gefrieren lassen.

Hexenglace

Eigelb, Zucker, Hexentröpfli und Vanillezucker schaumig rühren. Vollmilch unter ständigem Rühren beigeben, zum Schluss den geschlagenen Rahm unterheben und in der Eismaschine oder im Tiefkühler gefrieren lassen.

Beerenglace

Die Beeren mit dem Zucker und Zitronensaft pürieren, mit der Milch vermischen. Zum Schluss den geschlagenen Rahm unterheben und in der Eismaschine oder im Tiefkühler gefrieren lassen.

Zum Anrichten des Glarnerdesserts Tulipane mit je einer Kugel Glarner-, Hexen- und Beerenglace füllen und nach Belieben mit geschlagenem Rahm oder Früchten garnieren.

Priska Abegg aus Steinerberg SZ

Da steht sie, inmitten einer wunderbaren Blumenpracht in ihrem Garten, die Arme in die Hüften gestemmt, ihr Blick schweift zur Rigi hinüber, zur Rigi-Hohfluh, zum Fronalpstock. «Zu Beginn meiner Ehe mit Peter, als ich vor 10 Jahren in den Steinerberg gezogen bin, hätte ich diese Felswände am liebsten wegsprengen lassen! Es war mir ein bisschen zu eng. Jetzt habe ich mich an die Berge gewöhnt und sie gefallen mir.» Priska Abegg ist im Kanton Schwyz auf einem Bauernhof in Wollerau am Zürichsee aufgewachsen. Dort ist die Landschaft hügelig und lieblich, im Steinerberg ist sie steil und schroff. «Der Kanton Schwyz», erklärt sie, «ist in zwei Regionen aufgeteilt, in die Ausserschwyz, wo ich herkomme und in die Innerschwyz, wo ich jetzt lebe. Aber ich werde immer eine Ausserschwyzerin bleiben», lacht und schneidet Dahlien, Zinnien, Rosen und Sonnenblumen, die sie hernach zu wunderbaren Blumensträussen bindet und in Wollerau auf dem Markt verkaufen wird.

Priska Abegg ist 36 Jahre alt, gelernte Charcuterieverkäuferin und Floristin, Mutter von Pascal, Simon und David. Der Hof im Steinerberg ist ein kleiner Betrieb. Zehn Kühe, einige Rinder zur Aufzucht und Mastkälber. 10 Hektaren Land werden bewirtschaftet, an meist sehr steilen Lagen. Hier am Ausläufer des Rossbergs, wo vor 200 Jahren der Berg kam und auf Goldau hinunter donnerte, da wird man bei tagelangen Regenfällen schon etwas unruhig. Die Vergangenheit des Bergsturzes ist in der Region allgegenwärtig.

Neben den täglichen Arbeiten als Bäuerin widmet sich Priska gern ihrem Garten. Sie hat fast das ganze Jahr über frischen Salat auf dem Tisch. Im Frühjahr beginnt die Saison mit knackigem Schnittsalat, im Winter spriesst Endiviensalat. Bohnen, Rüebli und Randen macht Priska für den Winter im Sterilisiertopf ein.

Im zweiten Stock des Bauernhauses leben die Eltern von Peter Abegg, Margrit und Karl. Die Grosseltern schauen zu den Kindern, wenn Priska unterwegs ist. Im Sommer verdient sie mit ihren Blumen ein Zubrot, denn der kleine Hof wirft nicht genügend ab. Wöchentlich einmal schmückt sie die Kirche in Wollerau, macht Gestecke für Hochzeiten oder Beerdigungen, verkauft Blumen ab Hof. Und im Winter arbeitet ihr Mann Peter in einer Grossmetzgerei.

Steinerberg liegt am Südhang des Rossbergs mit einzigartiger Aussicht auf den Lauerzersee und den Talkessel von Schwyz. Die Gemeinde ist immer noch stark von der Landwirtschaft geprägt. Ihre Geschichte und Entwicklung sind wesentlich mit dem am alten Pilgerweg nach Einsiedeln gelegenen Wallfahrtsort verbunden. Die Legende berichtet von einem niederländischen Pilger, der ein aus dem Bildersturm der Reformationszeit gerettetes Bild der heiligen Anna dort hingestellt und später nicht mehr habe wegtragen können. Im 17. und 18. Jahrhundert war die Wallfahrt so bedeutend, dass an manchen Tagen bis zu 5000 Pilger gezählt wurden, für die man dann zwanzig tragbare Beichtstühle rund um die Kirche aufstellen musste.

Bunter Blattsalat im Chäschörbli

Das brauche ich für 4 Personen

Käsekörbchen
150 g geriebener Sbrinz
1 El feiner Maisgriess
1 El Weissmehl

Salat
verschiedene Saisonsalate
2 Handvoll Cherrytomaten
Salatsauce
frische Gartenkräuter zum Garnieren

1 Für die Käsekörbchen den geriebenen Käse mit Maisgriess und Mehl in einer Schüssel vermischen.

2 Eine beschichtete Bratpfanne von etwa 20 cm Durchmesser erhitzen, etwa 6 El der Käsemischung gleichmässig auf dem Pfannenboden verteilen und solange backen, bis der Käse an der Oberfläche schmilzt.

3 Mit Hilfe einer Bratschaufel sorgfältig aus der Pfanne lösen und auf ein umgedrehtes Schüsselchen oder eine grosse Tasse legen, formen und auskühlen lassen. Mit der restlichen Käsemischung gleich verfahren.

4 Zum Anrichten die Käsekörbchen mit Salat füllen, mit den Cherrytomaten und Gartenkräutern garnieren und mit Salatsauce beträufeln.

Schweinsfilet im Teig auf Rotweinjus

Das brauche ich für 4 Personen

1 Schweinsfilet (etwa 400 g)
Salz
Pfeffer
Fleischgewürz
Öl
1–1½ dl Rotwein
etwas Butter
100 g Blattspinat
10–15 Tranchen Bratspeck
250 g frisches Kalbsbrät
2 P Blätterteig, rechteckig ausgewallt
1 Eigelb, zum Bestreichen

Gemüse
Bratgummeli
(kleine Frühkartoffeln)
Öl
Rüebli
Kohlrabi
Rosmarin
Salbei
glatte Petersilie, zum Verfeinern
Kräutersalz

1 Das Filet abtupfen, mit Salz, Pfeffer und Fleischgewürz würzen. Im heissen Öl rundum anbraten und auf einem Teller auskühlen lassen.

2 Den Bratensatz mit Rotwein ablöschen, etwas einkochen lassen, abschmecken und vor dem Servieren mit etwas Butter verfeinern.

3 Spinat in Salzwasser 5 Minuten blanchieren und abkühlen lassen.

4 Speckstreifen dicht aneinander zu einen Rechteck auslegen, Spinat gleichmässig auf dem Speck verteilen. Etwas Kalbsbrät längs in die Mitte des ausgelegten Spinats verteilen, Filet darauflegen und das restliche Brät rund um das Filet verstreichen. Specktranchen von beiden Seiten über das Filet legen und andrücken.

5 Eine Blätterteigplatte auslegen, das Filet daraufgeben, Ränder mit Eigelb bestreichen und mit der zweiten Blätterteigplatte decken, gut andrücken. Mit den Teigresten dekorieren und mit verquirltem Eigelb bestreichen. Mit einem Zahnstocher feinste Löcher in den Teig stechen. Im vorgeheizten Ofen bei 180 bis 200 Grad 40 bis 45 Minuten backen.

6 Für die Gemüsebeilagen die Bratgummeli (Kartoffeln) im Salzwasser weich kochen, abgiessen und in heissem Öl goldbraun braten. Vor dem Servieren mit Rosmarin und Kräutersalz würzen.

7 Die Rüebli und Kohlrabi in feine Stifte schneiden, im Dampfsieb knackig garen und vor dem Servieren mit Kräutern und Kräutersalz verfeinern.

Tipp
Das Filet kann problemlos einen Tag im Voraus zubereitet werden.

Chriesiträumli

Das brauche ich dazu

Chriesikompott
750 g entsteinte Kirschen
1–2 El Zucker
2–3 El Kirsch

Mascarponecrème
250 g Mascarpone
250 g Halbfettquark
3 El Zucker
1 Vanilleschote,
ausgekratztes Mark
1 Zitrone, Schale
2 El Zitronensaft
2 dl Jogurt nature

Biskuitbödeli
3 Eier
90 g Zucker
90 g Weissmehl

1 Für das Chriesikompott die Kirschen in einer Pfanne mit ganz wenig Wasser und dem Zucker aufkochen, Kirsch dazugeben und auskühlen lassen.

2 Für die Crème Mascarpone mit dem Quark mischen, Zucker, Vanillemark, abgeriebene Zitronenschale und -saft dazugeben, vermischen und zum Schluss das Jogurt unterziehen. Kühl stellen.

3 Für das Biskuit die Eier mit dem Zucker verrühren, bis die Masse hellgelb und luftig wird. Das Mehl über die Masse sieben und vorsichtig unterheben. Auf einem mit Backtrennpapier belegten Blech (etwa 40 x 40 cm) ausstreichen und etwa 12 Minuten im auf 180 Grad vorgeheizten Ofen hellbraun backen.

4 Aus dem Ofen nehmen, auf ein Gitter stürzen, das Backtrennpapier abziehen und mit dem Blech zudecken. Auskühlen lassen.

5 Je 3 Rondellen aus dem Biskuit ausstechen, mit dem Saft des Chriesikompotts beträufeln und lageweise mit der Mascarponecrème und dem Chriesikompott (ohne Saft) in hohe Gläser füllen.

6 Vor dem Servieren mindestens einen halben Tag im Kühlschrank ziehen lassen.

Chriesiwürfel

Das brauche ich dazu

260 g weiche Butter
150 g Rohzucker
1 Pr Salz
1 Zitrone, Schale
3 Eier
300 g Weissmehl
1½ Kl Backpulver
750 g entsteinte Kirschen
5 Meringueschalen
75 g kalte Butter,
in kleinen Stücken

1 Für den Teig die Butter rühren, bis sich Spitzchen bilden. Zucker, Salz, abgeriebene Zitronenschale und Eier dazugeben und weiterrühren, bis die Masse schön hell wird. Mehl und Backpulver dazusieben und vorsichtig unterheben.

2 Den Teig auf einem mit Backtrennpapier belegten Blech (etwa 40 x 40 cm) glatt ausstreichen, Kirschen darauf verteilen, leicht eindrücken. Die Meringueschalen zerdrücken und darüberstreuen. Zum Schluss die Butterstücke auf dem Teig verteilen. Im unteren Teil des vorgeheizten Ofens bei 200 Grad 30 bis 35 Minuten backen.

3 Auskühlen lassen und in beliebig grosse Würfel schneiden.

Tipp
Dieses Gebäck ist wunderbar wandelbar und kann natürlich auch mit anderen Früchten zubereitet werden.

Christine Alder aus Hallau SH

Ihr Händedruck ist fest. Ihre Augen blicken offen und interessiert. Ihre Stimme ist bestimmt. Bei der Begegnung mit Christine Alder wird schnell klar, dass man es mit einer Powerfrau zu tun hat. Sie steht mit beiden Beinen auf dem Boden, weiss was sie will und strebt zielgerichtet vorwärts. Das muss sie auch, bei all dem, was sie so um die Ohren hat. Christine lebt zusammen mit ihrem Mann René, den Kindern Jasmin, Simone, Ramona und Pirmin, sowie ihren Schwiegereltern Annemarie und Hans Alder am wohl schönsten Platz oberhalb der Rebbaugemeinde Hallau. Ihr Heim ist der Berghof auf dem Hallauerberg. Und der Ausblick auf das Klettgau ist von hier oben überwältigend.

Die beiden Generationen führen zusammen einen gut 40 Hektaren grossen Ackerbau-, Grünland- und Rebbaubetrieb. Auf ihrem Grundstück befindet sich aber auch ein historisches Gebäude, die 1833 erbaute Armenanstalt. In früherer Zeit wurden die Insassen noch mit Streichen auf den Rücken und Zwangsjacken traktiert. Heute ist das vorbei. Alders haben das ehemalige Heim in ein Ferienhaus umgewandelt. Viele Familien und Gruppen aus dem In- und Ausland verbringen hier ihre Ferien oder profitieren vom Bed & Breakfast-Angebot. Auch viele behinderte Personen finden immer wieder den Weg hierhin. Die Betreuung der Gäste ist Aufgabe von Christine und ihrer Schwiegermutter.

Oft zeigt die 37-jährige Christine den Feriengästen ihre Hasen, Zwerggeissen, Hühner oder die Mutterschweine. Der Rundgang endet jeweils bei den 50 Kühen im Stall. Hier können die Gäste unter der Anleitung von René Alder versuchen, eine Kuh zu melken.

Das Quartett Christine und René sowie Annemarie und Hans Alder arbeitet Hand in Hand, die Aufgaben sind klar verteilt. So ist Christine beispielsweise für die vier Kinder zuständig, den Haushalt, den Garten und die Haustiere. Daneben geht sie ihrem Schwiegervater in den Reben zur Hand.

Aufgewachsen ist sie im schaffhausischen Schleitheim. Sie lernte Gärtnerin, schloss die bäuerliche Hauswirtschaftsschule Charlottenfels in Neuhausen ab und erlangte das Wirtepatent. Zudem ist sie ausgebildete ländliche Familienhelferin und sitzt auch im Vorstand der Hallauer Landfrauen.

Schnell und unkompliziert müssen ihre Gerichte sein – sie ist keine Köchin, die lange für mehrgängige Mahlzeiten in der Küche stehen will. Sie mag Salate und Gemüse sowie gutbürgerliche, einheimische Gerichte.

Nördlich des Rheins im Kanton Schaffhausen liegt Hallau, das grösste Weinbaudorf der Deutschschweiz, eingebettet in weitläufige Rebberge, Landwirtschaftsgebiete und Wälder. Auf rund 150 Hektaren wird Wein angebaut, daneben finden sich aber auch traditionelle Landwirtschaftsbetriebe. Gut 2000 Einwohner leben in der Gemeinde, deren Wahrzeichen, die 1491 erbaute und dem heiligen Mauritius geweihte Bergkirche auf einem Vorsprung des Hallauerberges schon von weitem sichtbar ist. Im Ort selbst befindet sich auch das Schaffhauser Weinbaumuseum.

Schaffhuuser Bölledünne

Das brauche ich für 4 Personen

Teig
200 g Mehl
70 g Butter
½ El Essig
1 Kl Salz
Wasser

Füllung
4 grosse Zwiebeln,
in feine Ringe geschnitten
30 g Bratfett (oder Kochbutter)
50 g Speckwürfel
1½ El Mehl
2½ dl Rahm oder Milch
2 Eier
1 Pr Salz
Butterflocken nach Belieben

1 Für den Teig das Mehl mit der Butter in eine Schüssel geben und mit kalten Händen verreiben (wer eine Küchenmaschine hat, vermixt Mehl und Butter am Besten in der Maschine). Salz und Essig beigeben, vermischen und soviel Wasser dazugiessen, bis ein glatter Teig entsteht. Dabei sehr schnell arbeiten, den Teig aber nicht kneten! Zugedeckt etwa 15 Minuten im Kühlschrank ruhen lassen.

2 Für die Füllung die Zwiebelringe in etwas Bratfett glasig dünsten, Speckwürfel dazugeben und kurz anbraten.

3 Pfanne vom Herd nehmen, Zwiebel mit dem Mehl bestäuben. Rahm, verquirlte Eier und Salz zugeben, gut verrühren und zu einem festen Brei mischen.

4 Teig auf einem mit Backtrennpapier belegten Kuchenblech (26 cm Durchmesser) nicht allzu dünn auswallen. Zwiebelfüllung darauf verteilen, nach Belieben mit Butterflocken belegen und etwa 40 Minuten in der Mitte des auf 180 Grad vorgeheizten Ofens goldbraun backen.

5 Bölledünne noch lauwarm servieren.

Christine Alder, Hallau

Hallauer Cordon bleu

Das brauche ich für 4 Personen

4 Schweinsplätzli (vom Metzger quer aufschneiden lassen)
wenig Zitronensaft
Salz
Pfeffer
Paprika
Streuwürze
12 Tranchen Hallauer Schinkenwurst (oder andere Schinkenwurst)
4 Kl Frischkäse nature
2–3 El Mehl
1 Ei
4–5 El Paniermehl
Öl oder Bratfett
Zitronenscheiben, zum Garnieren

1 Schweinsplätzli mit Zitronensaft beträufeln und würzen.

2 Je 3 Wursttranchen in die Tasche der Plätzli legen, mit Frischkäse bestreichen und mit Zahnstochern fixieren.

3 Mehl, verquirltes Ei und Paniermehl getrennt in je einen Teller geben und die Plätzli erst in Mehl, dann in verklopftem Ei und schliesslich in Paniermehl wenden. Panade leicht andrücken.

4 Öl in der Pfanne erhitzen und die Cordon Bleu bei mittlerer Hitze auf beiden Seiten goldbraun braten. Zum Servieren mit Zitronenscheiben garnieren.

5 Mit gemischtem, gedämpftem Gartengemüse (Rüebli, Pfälzerrüebli, Bohnen, Blumenkohl, Brokkoli) und Kartoffeln vom Spiess servieren.

Kartoffeln vom Spiess

Das brauche ich für 4 Personen

12–16 Frühkartoffeln
½ Kl Salz
wenig Pfeffer
Paprika
1 El Öl
frische Lorbeerblätter
oder Rosmarinzweige nach Bedarf
Holzspiesse

1 Die geputzten Kartoffeln je nach Grösse ganz, halbiert oder in Scheiben geschnitten in eine Schüssel legen.

2 Salz, Pfeffer, Paprika, Rosmarin und Öl dazugeben und alles gut vermischen.

3 Die Kartoffeln oder Kartoffelscheiben abwechselnd mit einem Lorbeerblatt auf einen mit Öl bestrichenen Holzspiess stecken, auf ein mit Backtrennpapier belegtes Backblech geben und in der Mitte des auf 200 Grad vorgeheizten Ofens etwa 30 Minuten backen.

Tipp
Als Ergänzung zu den Kartoffelspiessen passt auch gut eine Sauce aus Quark, frischen Kräutern, gewürzt mit etwas Salz und Pfeffer.

Berghof-Träumli

Das brauche ich dazu

Biskuit
4 Eier
120 g Zucker
1 Pr Salz
2 El warmes Wasser
½ Zitrone, Schale
120 g Mehl

Holunderblütencrème
2 El Stärkemehl
5 dl Holunderblütenwein
3 El Zucker
2 Eier
½ Zitrone, Saft
2 dl Rahm, geschlagen

4 El Holunderblütensirup
1 El Wasser

300 g Beeren (Himbeeren, Brombeeren, Heidelbeeren oder Mirabellen)
Zitronenmelisse- oder Pfefferminzblätter, zum Garnieren

1 Für das Biskuit das Eigelb mit dem Zucker, Salz und Wasser verrühren, bis die Masse hellgelb und luftig ist. Abgeriebene Zitronenschale dazugeben und untermischen.

2 Das steif geschlagene Eiweiss auf die Masse geben, Mehl darübersieben und alles vorsichtig unterheben.

3 Den Teig in einem mit Backtrennpapier belegten Backblech (etwa 40 x 40 cm) ausstreichen und im auf 180 Grad vorgeheizten Ofen 12 bis 18 Minuten hellbraun backen (bei den runden Kuchenformen verlängert sich die Backzeit auf etwa 30 Minuten).

4 Aus dem Ofen nehmen, auf ein Küchentuch stürzen, das Backtrennpapier abziehen und mit dem Blech zudecken. Auskühlen lassen.

5 Rondellen in der Grösse der Dessertgläser ausstechen.

6 Für die Holunderblütencrème Stärkemehl mit dem Holunderblütenwein in einer Pfanne verrühren, Zucker und Eier dazugeben und unter ständigem Rühren bis kurz vors Kochen bringen. Vom Herd nehmen und durch ein feines Sieb in eine Schüssel abgiessen. Klarsichtfolie direkt auf die Crème legen und auskühlen lassen.

7 Vor dem Anrichten Zitronensaft unter die Crème rühren, den geschlagenen Rahm sorgfältig unterheben.

8 Holunderblütensirup mit dem Wasser vermischen und die Biskuit-Rondellen damit beträufeln.

9 Etwas Holunderblütencrème und einige Beeren in die Dessertgläser oder -schalen geben, darauf eine der getränkten Biskuit-Rondellen legen und mit Holunderblütencrème und weiteren Beeren auffüllen. Mit Zitronenmelisseblättern garnieren.

Diana Tscherry aus Agarn VS

Der Hof Leenen, der Betrieb von Diana Tscherry und ihrem Mann Remo liegt abseits, etwas oberhalb des Dorfes Agarn – oder Agaru wie man hier sagt. Die beiden sind kinderlos und leben alleine zusammen mit der jungen Bernhardinerhündin Auita.

Diana Tscherry hat das «bauern» schon als Kind gelernt. Aufgewachsen ist sie in einem kleinen Bergdorf im Mattertal. Damals half sie ihrer Mutter beim Heuen auf den steilen Bergwiesen und bei der Versorgung der zehn Kühe, während ihr Vater in Lohnarbeit auswärts war. «Es war eine schöne Zeit, aber eigentlich wollte ich nie Bäuerin werden», sagt Diana.

Nach der KV-Lehre in Visp arbeitete sie in einem Treuhandbüro. Als sie mit 23 Jahren Remo kennenlernte und er ihr sagte, dass er Bauer sei, dachte Diana «oh je!». Doch es war die grosse Liebe und so wurde sie Bäuerin. Heute kann sie sich nichts Schöneres mehr vorstellen.

1999 kauften sie den Hof Leenen aus einer Konkursmasse. Sie renovierten das Haus selber und bauten einen neuen Stall, denn schwere Handwerkerarbeiten erledigt Diana mit grosser Leidenschaft. Der Umgang mit Bohrmaschine, Hammer und Nägeln sei ihr genauso vertraut wie die Gartenarbeit. Remo arbeitet, vor allem im Sommer, für andere

Bauern und für die Gemeinde. Dafür hat sich der gelernte Landmaschinenmechaniker im Laufe der Jahre einen grossen Landmaschinenpark angeschafft.

Die Eringer-Kühe der Tscherrys sommern von Juni bis September auf der Alp Merdechon auf 2100 Metern Höhe. Hier oben macht der Blick aufs Matterhorn die Idylle perfekt. Die insbesondere im Wallis gehaltenen Eringer sind eine der kleinsten Rinderrassen Europas. Die schwarzbraunen Tiere haben starke Muskeln und kräftige Hörner. Ihr Fleisch, besonders das Trockenfleisch, gilt als Delikatesse. Und aus der Milch wird Walliser Raclettekäse hergestellt.

Zur Erntezeit im Juli pflückt Diana etwa 1200 Kilo Aprikosen und verkauft sie direkt an ihre Kunden.

Das Kochen hat sie bei ihrer Mutter gelernt. Heute probiert sie gerne alle möglichen Kombinationen aus, wobei sie nur regionale Produkte verwendet. «Fleisch und Gemüse kommen bei mir täglich auf den Tisch.»

Bäuerin zu sein ist Dianas Leidenschaft, Freizeit brauche sie nicht. Nur einmal im Jahr jedoch unternimmt sie mit Remo eine Kreuzfahrt im Mittelmeer. Das ist Ausgleich genug, wie auch ihr Amt als Gruppenführerin bei der örtlichen Feuerwehr.

Agarn ist eine politische Gemeinde im Bezirk Leuk. Es ist ein ehemaliges Strassendorf, das auf einem Schwemmkegel am südlichen Hang des Rhônetals aufgebaut wurde. Eine erste Erwähnung findet man etwa 1250 unter dem Namen Aert. Heute leben rund 800 Einwohner in der Gemeinde, die nach wie vor von der Landwirtschaft geprägt ist.

Tomatencrèmesuppe

Das brauche ich für 4 Personen

6–8 grosse Tomaten

2 El Öl
3 El Mehl
2 dl Milch
1 Bouillonwürfel
Salz
Pfeffer
einige Basilikumblätter, fein geschnitten
etwas Rahm, zum Garnieren

1 Die Tomaten oben kreuzweise einschneiden und kurz in heisses Wasser tauchen, bis sich die Haut zu lösen beginnt. Die Haut abziehen und die Tomaten in Stücke schneiden. Die Kerne entfernen. In einer Pfanne zugedeckt kurz köcheln lassen, danach pürieren.

2 Öl in einer Pfanne erhitzen, Mehl zugeben, mit einem Schwingbesen verrühren, die Milch dazugiessen. Unter ständigem Rühren zu einer sämigen Sauce köcheln. Die pürierten Tomaten und den Bouillonwürfel beigeben, nochmals aufkochen, mit Salz und Pfeffer abschmecken.

3 In Suppenschalen anrichten, mit etwa geschlagenem Rahm und frisch geschnittenem Basilikum garnieren.

Tipp
Die Zutaten ergeben genügend Suppe für vier Personen. Die Mengen können aber beliebig verdoppelt werden. Dabei darauf achten, dass ausreichend pürierte Tomaten in die Sauce gemischt werden.

Eringer Kalbsfilet im Teig

Das brauche ich für 4 Personen

Mürbeteig
300 g Mehl
150 g Butter, in kleinen Stücken
1 Kl Salz
etwa 1½ dl kaltes Wasser

Filets
2 Kalbsfilet vom Eringer Kalb
Salz
Pfeffer
etwas Fleischgewürz
Öl

1 Für den Mürbeteig das Mehl mit der Butter verreiben, Salz im Wasser auflösen und nach und nach zum Mehl geben. Teig zügig verarbeiten und kühl stellen.

2 Die Filets würzen, im heissen Öl rundum kurz anbraten und auskühlen lassen.

3 Den Mürbeteig zu zwei Rechtecken auswallen, die Ränder mit etwas Wasser bestreichen und die Filets darin einpacken. Mit der Naht nach unten auf ein mit Backtrennpapier belegtes Kuchenblech geben.

4 Die Filets im vorgeheizten Ofen bei 200 Grad etwa 10 Minuten backen, die Temperatur auf 180 Grad reduzieren und weitere 20 bis 25 Minuten backen.

Tipp
Selbstverständlich kann auch ein fertig ausgewallter Kuchenteig verwendet werden.

Champignonsauce

Das brauche ich dazu

1 El Öl oder Butter
1½ El Mehl
1–2 dl Milch
Salz
Pfeffer
2–3 Tropfen braune Lebensmittelfarbe, nach Belieben
etwa 250 g Champignons

1 Das Öl in einer Pfanne erhitzen, Mehl dazugeben und gut verrühren. Milch langsam beigeben und gut einrühren. Mit Salz und Pfeffer würzen und nach Belieben etwas braune Lebensmittelfarbe dazugeben.

2 Champignons in Scheiben schneiden, in Butter kurz andämpfen und zur Sauce geben. Alles nochmals etwa 5 Minuten köcheln lassen.

3 Zum Filet servieren.

Frittierte Kartoffeltaler

Das brauche ich für 4 Personen

500 g Kartoffeln
Salz
Pfeffer
Muskat
2 Eigelb
40 g geriebener Hartkäse
3–4 El Milch
Mehl und Paniermehl nach Bedarf
1–2 Eier, verklopft
Frittieröl

1 Die Kartoffeln schälen, in Würfel schneiden und im Salzwasser weich kochen. Gut abtropfen lassen, durch ein Passevite treiben und mit Salz, Pfeffer und Muskat würzen – über Nacht zugedeckt stehen lassen.

2 Den Kartoffelbrei mit Eigelb, Käse und Milch vermischen. Je nach Feuchtigkeit der Kartoffeln mehr oder weniger Milch verwenden.

3 Die Masse zu Kugeln formen, leicht flach drücken und in Mehl, verklopftem Ei und Paniermehl wenden.

4 In einer tiefen Bratpfanne Öl erhitzen und die Kartoffeltaler darin auf beiden Seiten goldgelb frittieren.

Walliser Aprikosenglace

Das brauche ich dazu

Aprikosenglace
400 g Aprikosen
2 Eiweiss
5 El Zucker
2 dl Rahm

Aprikosensauce
300 g Aprikosen
50 g Zucker
1 Pr Vanillezucker
1 dl trockener Weisswein
½ dl Wasser
etwas Zitronensaft

1 Für die Glace die Aprikosen halbieren und entsteinen. Mit wenig Wasser weich kochen und pürieren.

2 Das Eiweiss steif schlagen, nach und nach den Zucker beigeben, bis eine leicht glänzende Masse entsteht. Eischnee und geschlagenen Rahm vorsichtig unter die pürierten Aprikosen heben.

3 In eine mit Klarsichtfolie ausgelegte Cakeform geben und mindestens 3 bis 4 Stunden tiefkühlen. Oder in der Glacemaschine gefrieren.

4 Für die Sauce die Aprikosen halbieren, entsteinen, zusammen mit den übrigen Zutaten zugedeckt etwa 10 bis 15 Minuten leicht köcheln, danach pürieren und kalt stellen.

5 Zum Servieren Glace in Schälchen portionieren und mit der Aprikosensauce übergiessen.

Und er isst es doch …!

Während diese Zeilen geschrieben werden, sitzt eine Redakteurin des Landfrauen-Teams drüben an einem Schnittplatz und komponiert zusammen mit ihrer Cutterin die zweitletzte Episode der dritten Staffel «SF bi de Lüt – Landfrauenküche». Mit der Finalsendung wird sie erkoren sein, die Siegerin des friedlichen Kochwettbewerbs. Vielleicht reagiert sie etwas überrascht, bestimmt aber wird sie sehr stolz sein, gefeiert und umjubelt von ihrer Familie, von ihren Freunden und von den sechs anderen Landfrauen, die sich mit ihr um den Titel beworben haben und die sich mit ihr über den Sieg freuen. Auch bei der dritten Landfrauen-Staffel sassen an jedem Freitag um 20.05 Uhr Hunderttausende von Zuschauern vor den Bildschirmen, um mitzuerleben, wie eine Deutschschweizer Landfrau lebt und arbeitet, wie sie ihre Familie organisiert, wie sie Haus und Hof in Schuss hält, vor allem aber, wie und womit sie tagtäglich ihre Lieben verwöhnt mit dem Besten, was Stall und Boden hergeben.

Es war der Beginn einer wunderbaren Entdeckungsreise, als sich Mitglieder der Redaktion Volkskultur aufmachten, die ersten Landfrauen zu casten. Die Vorgabe war klar: sieben Frauen aus sieben verschiedenen Kantonen der deutschsprachigen Schweiz sollten je eine Woche lang von einem Kamerateam begleitet werden. Dabei sollte im Stil einer gestalteten Reportage gezeigt werden, wie diese Frauen leben und wie sie ein Dreigangmenu mit typischen Gerichten ihrer Region als Wettbewerbsessen für ihre Kolleginnen zubereiten.

«Ganz einfach» dachten die Macher von SF. «Die werden sich um diese Chance reissen» – dachten die Macher von SF. «Sie müssen ja nur das tun, was sie sonst auch machen» – dachten die Macher von SF … Weit gefehlt. Sie mögen gutmütig, arbeitswillig, engagiert und begeisterungsfähig sein, die Landfrauen – aber naiv sind sie auf gar keinen Fall! Wo immer das Castingteam hinkam, wurde es mit offener Gastfreundschaft empfangen. Überall wurden ganz selbstverständlich die Türen geöffnet und Einblicke gewährt. Geduldig liessen sich die Frauen und ihre Familien dabei filmen und fotografieren. Mit Stolz präsentierte eine jede schon bei dieser ersten und noch völlig unverbindlichen Begegnung schmackhafte Muster ihres Könnens an Backofen und Herd – um dann im Gespräch die richtigen Fragen zu stellen … Alle Eventualitäten, die sich das Fernsehteam noch nicht überlegt hatte, wurden da zu Tage befördert. Das Unwissen über die Arbeitsabläufe und die Planung in landwirtschaftlichen Betrieben entlockte mancher gestandenen Landfrau immer mal wieder ein mitleidiges Lächeln und schnell wurde klar, dass diese Frauen (wohl im Gegensatz zu so manchem Fernsehmacher …) so gut wie gar nichts dem Zufall überlassen.

Sie machten es sich nicht leicht mit ihrem Entscheid – keine von ihnen. Denn auf einer jeden lastete nicht nur die Verantwortung, trotz Ausnahmezustand der Filmaufnahmen die tägliche Arbeit auf dem Hof zu bewältigen. Hinzu kam auch noch das Bewusstsein, dass Abertausende von Fernsehzu-

schauern sehen würden, wie diese Frau haushaltet, wie und wo sie ihre Nahrung besorgt und vor allem auch, wie sie diese zubereitet. Ein psychischer Druck und eine Nervenbelastung, die man sich weder als Fernsehmacher noch als Unbeteiligter in ganzer Tragweite vorstellen kann. Wir sind glücklich, dass auch diejenigen Frauen ja zu uns gesagt haben, für die auch wir uns entschieden hatten!

Dreimal sieben Landfrauenportraits sind entstanden. Dreimal sieben Lebensgeschichten. Dreimal sieben Dreigangmenus, die Zeugnis ablegen von der Reichhaltigkeit, der Geschmacksvielfalt und vom kulinarischen Ideenreichtum, erwachsen aus Schweizer Boden. Wir sind stolz auf jede einzelne Episode, wir sind glücklich über jede erfreute Zuschauerreaktion, über jeden begeisterten Blogeintrag und vor allem sind wir stolz auf die gelungene Zusammenarbeit unseres oft wegen seiner «Oberflächlichkeit» gerügten Mediums mit Menschen, die auf ganz einfache, unspektakuläre Weise, offen und ehrlich gezeigt haben, dass es Werte gibt in diesem Land, die hochgehalten und gepflegt werden. Wir durften diese Lebenseinstellung mit der Kamera einfangen, wir haben die träfen Aussagen auf Band und wir halten jetzt ein Buch in Händen, das es allen Kochbegeisterten möglich macht, die Gerichte aus der Serie ganz einfach zu Hause nachzukochen. Es heisst: «Was der Bauer nicht kennt, das frisst er nicht». Das Gegenteil ist wahr. «Unsere» Landfrauen und ihre Familien hatten vor der «Landfrauenküche» noch nie in eine Fernsehkamera geschaut. Der Umgang mit diesem Medium war ihnen fremd. Dass mit dem Kameramann auch noch ein Tonoperateur und ein Lichttechniker, dazu immer auch noch ein neugieriger Redakteur oder eine gwunderfitzige Redakteurin um sie herumschwirrten, daran mussten sie sich erst einmal gewöhnen. Aber das taten sie mit soviel natürlichem Charme und Neugier, dass es uns, die Macher, jeweils fast vom Hocker fegte, wenn das Objekt unseres Interesses sich schon nach wenigen Stunden Dreh mitten in einer Aktion umwandte und Sätze sagte wie «Das mache ich nochmal. Das war für die Kamera nicht gut …», oder «Soll ich das noch mal machen? Ihr braucht sicher noch eine Nahaufnahme …», oder Regieanweisungen an ihre Co-Akteure «He, nicht in die Kamera schauen – das dürfen nur Moderatoren!»

Sie haben die Sache mit dem Fernsehen gegessen – und mehr als das. Sie haben aus einer einfachen Idee ein Erfolgsformat gemacht. Sie haben dabei mehr für sich und die Sache der Landfrauen erreicht, als es die beste Werbekampagne je geschafft hätte. Sie haben sehr, sehr viel von sich preisgegeben, ohne Scheu und ohne falschen Narzissmus. Es ist wie bei einem gelungenen Gericht: wenn die Mischung stimmt, die Zutaten fein abgewogen und abgeschmeckt sind und wenn mit Liebe und Hingabe gekocht wird, dann entsteht vielleicht ein Rausch der Sinne, bestimmt aber etwas Unvergessliches.

Christian Breitschmid
Produzent der Staffeln 1 und 2 «Landfrauenküche»

Rezeptregister

A
Aargauer Zwetschgenbraten 103
Alpkäse, Kürbissuppe mit 42
Anisbrötli 55
Apfel-Gemüsesalat, Knackiger 34
Apfelpilzli, Süssmostsorbet mit karamellisierten 38
Appenzeller Käsekuchen (Appezeller Chäsflade) 125
Appenzeller Zimtfladen 89
Appezeller Chäsflade (Appenzeller Käsekuchen) 125
Appezellerschnitzel 126
Appezöller Chäsmagerone 84
Appezöller Filet 86
Appezöller Tiramisu 89
Aprikosenglace, Walliser 176

B
Baselbieter Cordon bleu 52
Beerenglace 153
Berghof-Träumli 169
Bernerplatte 61
Birabrot 8
Birnelparfait mit Rotweinbirne 20
Blattsalat im Chäschörbli, Bunter 157
Bölledünne, Schaffhuuser 165
Bratkäse mit Spinat 132
Brätzeli, Sensler Chüubi 80
Brätzeli, Süsse gerollte 80
Brombeeren, Honigglace mit marinierten 96
Bündnerfleisch-Carpaccio 8
Bunter Blattsalat im Chäschörbli 157
Büschelibirnen 79

C
Carpaccio, Bündnerfleisch- 8
Champignonsauce 175
Chäschörbli, Bunter Blattsalat im 157
Chäsflade, Appezeller (Appenzeller Käsekuchen) 125
Chäsmagerone, Appezöller 84

Cherrytomaten, Karamellisierte 119
Chilbicrème mit Nidle, Silvia's 46
Chirsi Schlemmerbecher 55
Chräpfli 46
Chriesiträumli 161
Chriesiwürfel 161
Cordon bleu, Baselbieter 52
Cordon bleu, Hallauer 166
Crème, Gebrannte 62
Cuchaule – Freiburger Safranbrot 75

E
Entrecôte mit Kräuterrahmsauce 68
Erdbeerpüree auf Schlagrahm 28
Eringer Kalbsfilet im Teig 175

F
Filet, Appezöller 86
Fisch auf Gemüse-Carpaccio, Geräucherter 17
Fleischsuppe 58
Frauenfelder Süssmostcrème 113
Freiburger Safranbrot, Cuchaule 75
Frittierte Kartoffeltaler 176
Früchtebrot 129
Fruchtsalat 62
Fürstenländer Pouletschenkel an Rosmarinjus 26

G
Gartensalat mit knusprigem Ziegenfrischkäse 140
Gebrannte Crème 62
Gefüllte Kartoffeln 126
Gefülltes Kalbsfilet mit Kartoffelgratin 150
Gemüse-Carpaccio, Geräucherter Fisch auf 17
Geräucherter Fisch auf Gemüse-Carpaccio 17
Glace, Glarner 153
Glarner Glace 153

Glarner Hexendessert im Tulipane 153
Grassins, Zitronenglace mit 12
Gubelheubrötli 140

H
Hallauer Cordon bleu 166
Heidelbeer-Roulade 31
Hexendessert im Tulipane, Glarner 153
Hexenglace 153
Himbeer-Mascarponecrème 28
Honigglace mit marinierten Brombeeren 96

K
Kabissuppe 75
Kalbsfilet im Teig, Eringer 175
Kalbsfilet, Gefülltes, mit Kartoffelgratin 150
Kalbsragout mit Zucchini 143
Kalbsröllchen mit Peperoni 94
Kanincheneintopf 37
Karamellisierte Cherrytomaten 119
karamellisierten Apfelpilzli, Süssmostsorbet mit 38
Kartoffelgratin 150
Kartoffelgratin 96
Kartoffelknöpfli mit Oreganobutter 143
Kartoffel-Lauchgratin 52
Kartoffeln vom Spiess 166
Kartoffeln, Gefüllte 126
Kartoffel-Quark-Suppe mit Streusel 109
Kartoffelsoufflee 103
Kartoffelstock 37
Kartoffeltaler, Frittierte 176
Käsekuchen, Appenzeller (Appezeller Chäsflade) 125
Kastanien, Kürbiscrèmesuppe mit 51
Kirschtorte, Zuger 144
Klostertorte, St. Galler 28
Knackiger Apfel-Gemüsesalat 34

Knusprige Waffeln 38
Kräuterknöpfli 42
Kräuterrahmsauce, Entrecôte mit 68
Krautstielgratin 113
Kürbisblume mit Lupipilz 18
Kürbiscrèmesuppe mit Kastanien 51
Kürbiscrèmesuppe mit Majoran 25
Kürbissuppe mit Alpkäse 42

L
Lammgigot 119
Lammgigot 76
Lammpfeffer mit Pilzen 45
Landfrauen Poulet-Gourmetröllchen an Salbeisauce 110
Lauchgratin, Kartoffel- 52
Likör, 44er 79
Lupipilz, Kürbisblume mit 18

M
Maienfelder Rieslingsschaumsuppe 67
marinierten Brombeeren, Honigglace mit 96
Mascarponecrème, Himbeer- 28
Milchbraten vom Kalb 18

N
Nidwalder Nussheckli 20
Nussbrot 51
Nussheckli, Nidwalder 20

O
Ofenchüechli 104
Olivenweggen, Tomaten- und 116
Oreganobutter, Kartoffelknöpfli mit 143

P
Panierte Zucchetti 94
Pilzen. Lammpfeffer mit 45
Pizokel 67

Poulet-Gourmetröllchen an Salbeisauce, Landfrauen 110
Pouletschenkel an Rosmarinjus, Fürstenländer 26

Q
Quarkmousse mit Erdbeersauce 129

R
Rahmkartoffeln 76
Rieslingsschaumsuppe, Maienfelder 67
Rosmarinjus, Fürstenländer Pouletschenkel an 26
Rotkabis mit Zimt 45
Rotweinbirne, Birnelparfait mit 20
Rotweinbirnen 136
Rotweinzwetschgen 70
Roulade, Heidelbeer- 31
Rüebli Potpourri 143

S
Safranbrot, Cuchaule – Freiburger 75
Saisongemüsevielfalt 26
Salate 25
Salat im Chörbli, Vroni's 149
Sauerbraten 11
Sauerrahmkuchen (Toétché) 93
Schaffhuuser Bölledünne 165
Schlemmerbecher, Chirsi 55
Schlüferli 62
Schokoladencrème mit Birnenfächer 120
Schweinsfilet im Teig auf Rotweinjus 158
Sensler Chüubi Brässeli 80
Silvia's Chilbicrème mit Nidle 46
Solothurner Weinsuppe 34
Sommerfruchtsalat 79
Sorbet 104
Speckpotizen 109
Spinatknöpfli mit Stanser Bergkäse 17

Spinatpizza 100
St. Galler Klostertorte 28
Stanser Bergkäse, Spinatknöpfli mit 17
Süsse gerollte Brässeli 80
Süssmostcrème, Frauenfelder 113
Süssmostsorbet mit karamellisierten Apfelpilzli 38
Suure Mocke mit Rotweinbirnen 135

T
Tiramisu. Appezöller 89
Toétché (Sauerrahmkuchen) 93
Tomaten- und Olivenweggen 116
Tomatencrèmesuppe 172
Tulipane, Glarner Hexendessert im 153

V
44er Likör 79
Vroni's Salat im Chörbli 149

W
Waffeln, Knusprige 38
Walderdbeerenglace 136
Walliser Aprikosenglace 176
Weinsuppe, Solothurner 34

Z
Zimtfladen, Appenzeller 89
Zimtglace 70
Zitronenglace mit Grassins 12
Zucchetti, Panierte 94
Zuger Kirschtorte 144
Zwetschgenbraten, Aargauer 103

Redaktion **Landfrauen** kochen

Unsere Kochbuchreihe wurde ausgezeichnet mit dem Silbernen Lorbeer der Historia Gastronomica Helvetica

Berner Landfrauen kochen
192 Seiten
praktische Spiralbindung Fr. 27.–
ISBN 978-3-905694-01-7

Appenzeller Frauen kochen
192 Seiten
praktische Spiralbindung Fr. 27.–
ISBN 978-3-905694-02-4

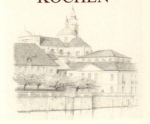

Solothurner Landfrauen kochen
192 Seiten
praktische Spiralbindung Fr. 27.–
ISBN 978-3-905694-03-1

Urner Bäuerinnen kochen
176 Seiten
praktische Spiralbindung Fr. 27.–
ISBN 978-3-905694-04-8

Zürcher Landfrauen kochen
192 Seiten
praktische Spiralbindung Fr. 27.–
ISBN 978-3-905694-05-5

Bündner Landfrauen kochen
192 Seiten
praktische Spiralbindung Fr. 27.–
ISBN 978-3-905694-06-2

Schwyzer Bürinne chochid
192 Seiten
praktische Spiralbindung Fr. 27.–
ISBN 978-3-905694-07-9

Baselbieter Bäuerinnen kochen
176 Seiten
praktische Spiralbindung Fr. 27.–
ISBN 978-3-905694-08-6

Kochen im Glarnerland
von Käthy Knobel
144 Seiten, Pappband Fr. 29.–
ISBN 978-3-905694-09-3

Tessiner Landfrauen kochen
192 Seiten
praktische Spiralbindung Fr. 27.–
ISBN 978-3-905694-10-9

Luzerner Bäuerinnen kochen
192 Seiten
praktische Spiralbindung Fr. 27.–
ISBN 978-3-905694-11-6

Redaktion**Landfrauen**kochen · Staatsstrasse 159 · CH-3626 Hünibach · T 033 243 00 77 · F 033 243 00 86

Obwaldner und Nidwaldner Bäuerinnen kochen
192 Seiten
praktische Spiralbindung Fr. 27.–
ISBN 978-3-905694-12-3

Freiburger Bäuerinnen und Landfrauen kochen
192 Seiten
praktische Spiralbindung Fr. 27.–
ISBN 978-3-905694-13-0

Zuechehocke u gniesse
Emmentalr Rezepte von Peter Trüssel.
176 Seiten
praktische Spiralbindung Fr. 27.–
ISBN 978-3-905694-16-1

Waadtländer Bäuerinnen kochen
176 Seiten
praktische Spiralbindung Fr. 27.–
ISBN 978-3-905694-19-2

Thurgauer Landfrauen kochen
192 Seiten
praktische Spiralbindung Fr. 27.–
ISBN 978-3-905694-21-5

Zuger Bäuerinnen kochen
192 Seiten
praktische Spiralbindung Fr. 27.–
ISBN 978-3-905694-20-8

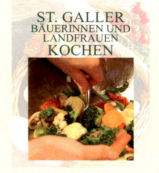

St. Galler Bäuerinnen und Landfrauen kochen
192 Seiten
praktische Spiralbindung Fr. 27.–
ISBN 978-3-905694-29-1

Oberwalliser Bäuerinnen kochen
192 Seiten
praktische Spiralbindung Fr. 27.–
ISBN 978-3-905694-28-4

Schweizer Bäuerinnen und Landfrauen kochen
184 Seiten
praktische Spiralbindung Fr. 27.–
ISBN 978-3-905694-17-8

Schweizer Bäuerinnen und Landfrauen backen
168 Seiten
praktische Spiralbindung Fr. 25.–
ISBN 978-3-905694-15-4

Schweizer Landfrauendesserts
160 Seiten
praktische Spiralbindung Fr. 25.–
ISBN 978-3-905694-18-5

SF bi de Lüt – Landfrauenküche
184 Seiten, 120 farbige Abbildungen,
Pappband Fr. 34.–
ISBN 978-3-905694-31-4

redaktion@landfrauenkochen.ch · www.landfrauenkochen.ch · www.editionvorsatz.ch

edition Vorsatz

Mamma Vialone
Risotto d'amore
Eine kulinarische Liebesgeschichte aus dem letzten Jahrhundert mit Bildern von Meister B.
Mit 48 ausgesuchten Risotto-Rezepten. 128 Seiten,
16 farbige Abbildungen,
Pappband mit Lesebändchen Fr. 24.50
ISBN 978-3-905694-23-9

Mamma Vialone
Falscher Salm und Klosteräpfel
Die Kochrezepte der Verena Geiser.
128 Seiten,
40 farbige Abbildungen,
Pappband mit Lesebändchen Fr. 26.50
ISBN 978-3-905694-32-1

Renate Wagner-Wittula
Kochen … ohne Mama!
Allein zu Hause, allein am Herd – Tipps und Rezepte aus Mutters Kochschublade für junge Selbstversorger.
Fotos von Kurt-Michael Westermann
192 Seiten, 134 farbige Abbildungen, gebunden (Flexobindung)
Fr. 27.50
ISBN 978-3-905694-24-6

Christine Hlatky
Fein gekocht mit Bier
Edler Gerstensaft zur Verfeinerung von Gerichten.
121 ausgesuchte Rezepte von der Suppe bis zur Glace.
112 Seiten,
gebunden Fr. 18.50
ISBN 978-3-905694-26-0

Christine Hlatky
Fein gekocht mit Wein
127 Rezepte, in denen der Wein eine Hauptrolle spielt.
112 Seiten,
gebunden Fr. 18.50
ISBN 978-3-905694-25-3

Brigitte Locher
Kochen für Gäste
Viergangmenüs für jeden Anlass. Rezepte aus dem reichen Erfahrungsschatz einer perfekten Gastgeberin. 160 Seiten,
24 farbige Abbildungen,
gebunden Fr. 29.50
ISBN 978-3-905694-27-7

Agnes Schneider /
Jeannette Segmüller
Kochen mit kleinen Budget
Fantasievolle und günstige Gerichte. 160 Seiten, 52 farbige Abbildungen,
gebunden Fr. 29.50
ISBN 978-3-905694-30-7

edition **Vorsatz** · Staatsstrasse 159 · CH-3626 Hünibach · info@vorsatz.ch · www.editionvorsatz.ch